Ich hoffe auf

Nachsicht

Aus dem Leben eines Strafverteidigers

Das Jetzt zerfließt wie Flocken auf der Hand
und sickert in den nimmersatten Sand.
Dein Hämmerlein fügt zierlich Glied an Glied
Erinnerung, du Gold- und Silberschmied.

Dr. Owlglaß (zitiert nach Tucholsky)

Inhaltsverzeichnis

Ausrede

„Jetzt kommt der auch noch mit einer Fortsetzung", höre ich schon die Kommentare und muss mir den nach dem Erscheinen des ersten Buches „Ich bitte um Milde" großspurig von mir gegebenen Satz „Ich bin kein Mann für Fortsetzungen" jetzt zu Recht entgegenhalten lassen. Da sucht man nach Verteidigungsstrategien.

Dieses Buch ist keine lineare Fortsetzung von Teil 1, sondern es geht darum, immer weitere Funde in meiner Erinnerung zu machen. Ich habe in meinem Gedächtnis gegraben, wie man so sagt. Dies weist darauf hin, dass es sich um eine archäologische Arbeit handelt, nämlich um ein immer tieferes Graben an derselben Fundstelle. Von einer horizontalen Fortsetzung kann also keine Rede sein kann, eher von einem vertikalen tieferen Bohren und Suchen, um weitere Fundstücke zutage zu fördern.

Dabei werden immer weitere Schichten abgetragen und ich habe dieses Mal die Bohrung sehr tief angesetzt. So kann auch einiges aus meiner Schul- und Studentenzeit berichtet werden, um aufzuzeigen, wie sich aufgrund meiner persönlichen Anlagen schon früh meine Berufswahl von selbst ergeben hat. Dass ich in all diesen Geschichten eine gute Figur abgebe, versteht sich von selbst, denn ich wäre ein schlechter Anwalt geworden, wenn ich das Negative gerade auf der Seite betonen würde, von der ich das Mandat erhalten habe. Und im Grunde bin ich ja mein wichtigster Klient.

Wem dies manchmal etwas zu viel sein sollte, der denke daran, dass nicht jedem jede Geschichte passiert und dass der Anwaltskollege Goethe zu dem gesamten Problemkreis lapidar geäußert hat: „Nur die Lumpen sind bescheiden." Und in diese Kategorie möchte ich mich natürlich nicht einreihen.

Dies vorausgeschickt, hoffe ich, dass die Ausgrabungen, die ich in meiner Erinnerung mache und in diesem Büchlein präsentiere, vielen Lesern Freude machen werden.

Bernd Lütz-Binder

Produktiver Schreibfehler

Vor Jahren erschienen in meiner Kanzlei empörte Eltern, die mir schilderten, ihr Sohn habe von seinem Lehrer auf dem Schulhof eine Ohrfeige bekommen und man wolle sich dagegen wehren. Nun bin ich vielleicht etwas altmodisch, ich fiel jedenfalls dem Vater ins Wort, um ihm aus meiner Sicht klar zu machen, dass man wegen solcher Lappalien nicht den Anwalt bemüht, sondern im Gespräch mit dem Lehrer versucht, die Sache auszuräumen. Der Mandant bedeutete mir mit ernster Miene, ich möge ihn doch einmal ausreden lassen.

Es stellte sich schließlich heraus, dass diese Ohrfeige beträchtliches Unheil angerichtet hatte, denn, so schilderte der Mann im Fortgang die Sache, sein Sohn sei zwei Tage zuvor in Karlsruhe am Kiefer operiert worden und die Ohrfeige habe das Ergebnis des Eingriffs völlig zunichte gemacht. Jetzt befinde er sich erneut im Krankenhaus. Nun sah die Sache schon anders aus.

Es sei mir erlaubt, an dieser Stelle einzufügen, dass die Form der Erziehung in modernen Zeiten mich nie richtig überzeugt hat, wobei ich der letzte bin, der die Erziehungsmaßnahmen unserer Altvorderen für gut hält. Jedenfalls lässt sich weder Leistung noch Benehmen einfach spielerisch herstellen, ein gewisser pädagogischer Druck ist unbedingt notwendig. Um den alten Griechen die Ehre zu geben: „Ein Mensch, der nicht geschunden wird, wird nicht erzogen."

Nun wollen wir natürlich unsere Kinder nicht schinden und so war dies von den Griechen wohl auch nicht gemeint. Aber umgewandelt in eine moderne Diktion meine ich, dass ein Mensch, der nicht gefordert wird, zu nichts kommt.

Nach dieser kleinen Abschweifung ins allgemein Pädagogische will ich die Geschichte weitererzählen. Nachdem mir klar geworden war, dass es sich nicht um eine gewöhnliche Ohrfeige handelte, sondern um eine mit ganz schweren Folgen, machte ich mich daran, den Lehrer anzuschreiben, um ihn auf die Besonderheiten des Falles hinzuweisen. Tage später erreichte mich der Brief des gegnerischen Kollegen, der darauf abstellte, dass sich der Schüler völlig unflätig verhalten habe, dass die Ohrfeige zu Recht erteilt worden sei und dass im Übrigen (dies war mir von vornherein klar) nicht sein Mandant der Adressat von Schadensersatzansprüchen sei, sondern das Land Rheinland-Pfalz, in dessen Diensten er die Ohrfeige ausgeteilt habe.

Ich erwiderte sofort, es sei höchst bedauerlich, dass sich ein offensichtlich cholerischer Lehrer hinter dem breiten Rücken des Landes verstecken könne. Leider las ich diesen Brief abends beim Unterschreiben nicht sorgfältig durch.

Postwendend schlug der Kollege zurück und zwar genüsslich: „Sie haben meinen Mandanten als kollerig (soll wohl heißen cholerisch) bezeichnet. Darin erblicken wir eine Beleidigung und wir haben Sie aufzufordern, sich bis spätestens 14 Tage schriftlich über unser Büro bei unserem Mandanten zu entschuldigen und die dadurch entstandenen Kosten (eine schmucke Kostenrechnung war beigefügt) zu begleichen."

Zunächst war ich wütend darüber, dass ich diesen Fehler übersehen hatte. Als ich aber die Antwort des Kollegen genauer las, hellte sich meine Miene auf, denn der Brief, in dem er mir süffisant meinen Schreibfehler vorwarf, endete mit der unvergleichlichen Floskel: „Mit freundlichen kollegialchen Grüßen."

Dies war eine schöne Steilvorlage. Ich machte mich sofort an ein Gegenschreiben (an dieser Stelle sei bemerkt, dass Anwälte sich in so etwas hineinsteigern und diese Dinge geradezu kindische Züge annehmen können, wovon ich mich nicht ausnehme). Ich schrieb also folgendes zurück: „Ihr Brief, in dem Sie mich auffordern, eine Beleidigung zurückzunehmen und die Kosten zu übernehmen, hat mich erreicht. Ich bin nicht gewillt, Ihren Wünschen nachzukommen, denn cholerisch bezeichnet einen Gemütszustand bzw. auch die Grundhaltung eines Menschen, vergleichbar zum Beispiel mit sanguinisch oder phlegmatisch. Darin kann nur jemand eine Beleidigung erblicken, der einen Presbyter für eine sexuell abartig veranlagte Person hält oder Hydrant für eine Akademikerbezeichnung." Und dann folgte eine ausgesuchte Sottise: „Diese Verwechslung ist jedenfalls bei Ihrem Mandanten wohl ausgeschlossen." Den Brief beendete ich mit dem Satz: „Verbleibe ich diesmal aus tipptechnischen Sicherheitsgründen lediglich mit freundlichen Grüßen." Ich habe wohl nicht vorher und nicht nachher in meinem Berufsleben einen Brief sorgfältiger gelesen als diesen.

Als ich zwei Tage später zu einer Verteidigung zum Amtsgericht musste, sah ich zu meinem Erstaunen, dass der von mir so angeschriebene Kollege als Nebenklägervertreter in derselben Sache tätig war. Er sagte leichthin zu mir, er gehe noch an sein Gerichtsfach und hole die Post. Zehn Minuten vorher hatte ich diesen Brief dort eingeworfen und ich hoffte darauf, dass der Kollege seine Post wohl erst zu Hause lesen würde, was allerdings ein Irrtum war.

Er kam zurück – als Nebenklägervertreter ist man nun nicht gerade die beschäftigste Figur im Strafprozess – und las während der Sitzung seine Gerichtspost. Auf einmal schaute er zu mir herüber und begann zu lächeln. Humor verbindet.

Mangelnder Durchblick

Es ist unter Experten unstreitig, dass auch zur Begehung von Verbrechen ein gewisses Maß an Intelligenz gehört. Bösartige Menschen behaupten, manch einer wäre nur deshalb Strafverteidiger geworden, weil es von der geistigen Ausstattung her zum großen Verbrecher nicht gereicht habe. Wie in allen Lebensweisheiten ist auch in dieser ein Körnchen Wahrheit.

Ich will ich von zwei Fällen berichten, in denen es den Tätern an dieser notwendigen Grundausstattung völlig fehlte. Die erste Geschichte, die hier Gegenstand ist, habe ich selbst erlebt und bin immer irrtümlich davon ausgegangen, dass es in diesem Bereich eine verrücktere Geschichte schlechthin nicht geben könne.

Als ich diese Version im Gespräch einem Kollegen bei Gelegenheit vortrug, sah er mich fast mitleidig an und wartete mit einer Begebenheit auf, gegenüber dieser der Blödsinn meiner Geschichte völlig verblasste. Ich habe mich kundig gemacht, ob sich alles wirklich so zugetragen hat, nicht weil ich dem Kollegen etwa nicht traute, sondern weil ich beim Versuch, diese Story anderen Leuten weiterzuerzählen, immer auf den Einwand gestoßen bin, diese Sache müsse erfunden sein, so etwas könne sich in Wirklichkeit nicht zutragen. Bei meinen Nachforschungen hat mir aber ein Richter versichert, dass er damals selbst im Spruchkörper gesessen habe und die Geschichte wirklich zutreffend sei.

Es gibt keinen Grund, meine Gewährsmänner nicht zu nennen. Die Geschichte ist meinem verehrten Landauer Kollegen Otto Rocker widerfahren, der vor langer Zeit bei mir Referendar gewesen ist. Das richterliche Siegel der Wahrheit ist ihm von dem Vorsitzenden Richter beim Landgericht Landau Dr. Christian Knoll aufgedrückt worden, der über alle Zweifel erhaben ist.

Die Geschichte: Ein Mann, der die Absicht hatte, einen Bankraub zu begehen und der so kurzsichtig war, dass er panzerglasartige Brillengläser (damals gab es noch keine modernen Gläser) tragen musste, fuhr in seinem etwa 7000 Einwohner kleinen Heimatdorf mit seinem eigenen Auto zu der Bank, bei der er sein Konto hatte und betrat – mit einer Spielzeugpistole bewaffnet und mit einem Strumpf in der Hand, den er sich in der Bank über die Augen zu ziehen

beabsichtigte – das Gebäude. Im Inneren streifte er beim Überziehen der Maske seine Brille ab, die auf den Boden fiel. Beim Versuch, blind nach ihr zu suchen, tappte er mit einem Fuß auf die Sehgläser und zerstörte sie völlig.

Blind wie ein Maulwurf stand der Mann nun mit der Pistole in der Hand mitten im Bankraum. Eine ältere Dame (als Zeugin vor Gericht hatte sie einen Touch von Miss Marple) nahm ihn sanft am Arm, führte ihn zu seinem Fahrzeug. Wegen seiner starken Sehschwächen bahnte er sich langsam mit dem Auto den Weg auf die nahegelegene Rheinbrücke, wo ihn die bereits alarmierte Polizei in Gewahrsam nahm.

Bei der dann wegen versuchten Raubes durchgeführten Hauptverhandlung war man sich schnell darüber einig, dass es eine blödsinnigere Variante eines versuchten Raubes wohl kaum geben könnte und auch der Staatsanwalt räumte dies ein. Aber mit Hinweis auf die sogenannte Generalprävention forderte er eine harte Bestrafung von vier Jahren. Generalprävention bedeutet in unserer Sprache, dass die Strafe auch Abschreckung für andere Täter sein soll.

In meinem Plädoyer, das ich sehr kurz fasste, räumte ich freimütig ein, ich würde mich den Ausführungen des Herrn Staatsanwalts vollkommen anschließen.

Allerdings gab ich dem Gericht folgendes zu bedenken: „Wie schon der Name sagt, ist Generalprävention für Generäle gedacht. Was machen wir aber mit diesem Rekruten?"

Die Strafkammer machte mit diesem blinden Soldaten – um im Bild zu bleiben – das, was auch ich für angemessen gehalten hatte: Sie verurteilte ihn zu zwei Jahren Haft auf Bewährung. In den Urteilsgründen stellte man eindeutig darauf ab, dass die Blödsinnigkeit der Tatausführung schuldmindernd zu beachten sei.

Nun zur Geschichte des Kollegen, die meine gerade geschilderte mit Abstand übertrifft. Ein Mann (schon die Wahl der Uhrzeit zeigt seine Verblödung), ebenfalls ausgerüstet mit einer Spielzeugpistole und ebenfalls extrem kurzsichtig, was mit einer dicken Brille korrigiert wurde, überfiel morgens um 9 Uhr ein Modegeschäft (dort war wahrscheinlich noch überhaupt kein Geld in der Kasse). Da er beim Betreten des Geschäfts, insoweit sind die beiden Fälle völlig gleich gelagert, beim Überstreifen der Maskierung seine Brille verlor, war er wie sein „Kollege" hilflos. In diesem Zustand nahm er die in seiner Nähe stehende Modepuppe spontan als Geisel und forderte von den verdutzten Verkäufern die Herausgabe von Geld. Als er seinen Irrtum wohl durch Tasten erkannte, verließ er fluchtartig den Laden und begab sich mit seinem Fahrzeug zum guten Schluss in eine nahegelegene Gaststätte. Denn er hatte, wie er in der Verhandlung sagte, extremen Durst bekommen und wollte einen trinken. Sein Auto konnte er dann aber, nachdem er seinen Durst gestillt hatte, nicht zur weiteren Flucht benutzen, weil er aus Versehen den Autoschlüssel im eigenen Kofferraum eingeschlossen hatte. So endete dieser wohl mit großer Planung in Szene gesetzte Raubzug. Dieser Täter – auch hier hat der Kollege mich, wie ich meine, übertroffen – bekam aus denselben Gründen wie mein Mandant lediglich ein Jahr auf Bewährung.

Fazit: Auch zum Verbrechen gehört eine Mindestausstattung mit Geistesgaben. Angesichts unseres Schulsystems müsste die Verbrechensquote deshalb in Zukunft extrem rückläufig werden.

Die gerichtliche Verlobung

Eines Tages hatte ich die Verteidigung eines sehr sympathischen jungen Mannes übernommen, der aufgrund schlechter Gesellschaft in das Drogenmilieu geraten war und auch, um seine Sucht weiter finanzieren zu können, sich in kleinerem Maßstab dem Handeltreiben zugewandt hatte.

Die Anklage ging zum Einzelrichter des Amtsgerichts, war also nicht besonders beängstigend. Ich hatte mir Mühe gegeben, den Schwerpunkt meiner Tätigkeit mehr auf das Pädagogische denn auf das Strafrechtliche zu legen und versucht, dem jungen Mann näherzubringen, er solle seine Sucht bekämpfen, um nicht mehr in solche strafrechtlich relevanten Dinge hineinzugeraten. Mit der Zeit hatte ich auch das sichere Gefühl gewonnen, dass ich nicht im Begriff war, falsche Perlen vor echte Säue zu werfen, sondern dass meine Ermahnungen wohl Frucht tragen könnten.

Am Tage der Hauptverhandlung, die um 15 Uhr beginnen sollte, begab ich mich etwa zehn Minuten vor Beginn ins Gericht und traf meinen Mandanten sehr aufgeregt an. Er war nach Aktenlage von einer jungen Dame bezichtigt worden, an diese Rauschgift (Haschisch) verkauft zu haben und diese junge Frau, die ausnehmend hübsch war, befand sich in unmittelbarer Nähe meines Schützlings. Mir drängte sich der Eindruck auf, dass beide schon miteinander gesprochen haben müssten.

Als ich meinem Mandanten klarmachte, dass die Sache nicht besonders gravierend sei und es vor allem darauf ankomme, wie er sich künftig verhalten würde und er sich wegen der strafrechtlichen Konsequenzen keine großen Sorgen zu machen brauche, trat das junge Mädchen an uns heran und sagte: „Herr Lütz-Binder, ich möchte Ihrem Mandanten nicht schaden, am liebsten würde ich gar nicht aussagen."

Ich machte die Zeugin darauf aufmerksam, dass es ihre Pflicht sei, Aussagen zu machen und warnte sie nachdrücklich, aus Sympathie für den Angeklagten etwas Falsches anzugeben. Was sie sich damit einhandeln würde, stehe gegen das, was dem Mandanten drohe, in keinem Verhältnis. Auch mein Mandant drang auf die junge Dame ein und legte ihr – genauso wie ich – nahe, die Wahrheit zu sagen. Ich

wies noch darauf hin, dass dem Mandanten der Kopf schon nicht heruntergemacht werden würde.

Kurz vor der Verhandlung kam das Mädchen erneut auf uns zu und fragte, ob es eine Möglichkeit gäbe, nichts auszusagen. Erneut und mit großer Geduld wies ich darauf hin, dass dies unmöglich sei. Es gebe nur Ausnahmen, die auf Verwandtschaftsverhältnissen beruhten und unter anderem auch die Verlobung mit einschlössen.

Nach einer kurzen Bedenkzeit fragte mich das Mädchen, wie man sich denn verlobe. Dem Gesetzeswortlaut entsprechend erklärte ich ihr, dass man sich nur gegenseitig die Ehe versprechen müsse und es keinerlei äußerlicher Anzeichen bedürfe. Das Mädchen trollte sich wieder, nahm meinen Mandanten zur Seite. Weiteres konnte ich nicht beobachten, weil ich den Sitzungssaal vor dem Angeklagten betrat, um mit dem Richter und der Staatsanwältin noch kurz zu sprechen.

Es war September und der Vorsitzende Richter, ein alter Freund von mir, der nebenberuflich – ich sage wohl besser: hauptberuflich – Winzer war, wollte, was ich wusste, in seine Wingerte. Da es schon 15 Uhr war, war sicher, dass er die Verhandlung beschleunigt durchführen würde, was mir natürlich entgegenkam. Die amtierende Staatsanwältin, die eine ausgesprochen sympathische Erscheinung war und der der Ruf voranging, sie sei der einzige Mann in der Behörde, hielt Pferde und diese mussten gegen 16 Uhr unbedingt gefüttert werden. Auch dies eine Information, die ich besaß und auch von daher war an ein beschleunigtes Verfahren zu denken.

Mein Mandant begann, kurz zur Person auszusagen (auf die notwendige Kürze hatte ich ihn hingewiesen). Um die Verhandlung zu beschleunigen, sagte ich dem Gericht, der Mandant würde zur Sache von seinem Schweigerecht Gebrauch machen. Dies war dem Richter nur Recht.

Er holte die Zeugin, die ja den Beweis führen würde; er belehrte sie eindringlich und wies auch darauf hin, dass sie nicht aussagen müsse, wenn sie unter anderem verlobt sei.

Zu unserem oder zumindest meinem grenzenlosen Erstaunen wies die Zeugin darauf hin, sie sei mit dem Angeklagten verlobt. Da aus den geschilderten Gründen der Richter es sehr eilig hatte, fragte er in geradezu drohendem Ton: „Sie machen ja wohl auch von Ihrem Aussageverweigerungsrecht Gebrauch?" Als die Zeugin nickte, war auch die Anklagevertreterin schnell zur Hand, stand auf und sagte kurz und knapp, sie könne jetzt den Beweis nicht mehr führen und um die Sache abzukürzen, wolle sie keine näheren Ausführungen machen. Sie beantrage Freispruch.

Ich schloss mich diesem Antrag an. Nach weiteren fünf Minuten war der Angeklagte freigesprochen. Der Richter ging in seine Weinberge und die Staatsanwältin in den Stall. Ich klärte die Frage mit der Verlobung nicht weiter auf, weil ich noch in eine andere Sitzung musste. Die Sache war für mich erledigt.

Im selben Jahr, kurz vor Weihnachten, erreichte mich eine große, sehr bunte Ansichtskarte aus Fuerteventura mit folgendem Text: „Sehr geehrter Herr Lütz-Binder, Sie haben uns damals auf dem Gerichtsflur verlobt. Wir sind verheiratet und auf der Hochzeitsreise. Mit freundlichen Grüßen."

Wie sich die Ehe weiterentwickelt hat, entzieht sich meiner Kenntnis. Ich meine jedoch, dass dies eine Ehe ist, der ich von Herzen Glück wünsche und die ich bei allem Sinn für Honorare auch nicht scheiden möchte.

Legende

Als ich Anfang der 1970er-Jahre als Assessor meine erste Stelle bei dem damals berühmten Strafverteidiger Dr. Karl Kerscher in Germersheim antrat und zum ersten Mal das dortige alte Amtsgericht mit der legendären, gegenüber liegenden Gaststätte „Amtsstübel" – im Fachjargon das „Amtsübel" genannt – betrat, um mich überhaupt einmal ortskundig zu machen, wurde ich schon nach kurzer Zeit mit einer Geschichte vertraut gemacht, die als Legende zu bezeichnen ich nicht anstehe. Denn sie beleuchtet das Wesen eines späteren Amtsgerichtsdirektors dieses Hauses so, dass alle weiteren Ausführungen zu ihm unnötig sind.

An dieser Stelle bedauere ich zutiefst ein Versäumnis in meinem ersten Buch „Ich bitte um Milde", weil dort dieser Amtsrichter mit keiner Silbe erwähnt worden ist, was ihn (er hielt mich einmal auf der Straße in Landau an) erboste. Er erklärte mir, es sei für ihn unverständlich, dass nach einer so langen Zeit gegenseitiger Zusammenarbeit keine Zeile für ihn abgefallen sei. Ich konnte diesen sehr berechtigten Angriff nur dadurch parieren, dass ich ihm entgegenhielt, ich hätte auf eine Geschichte über ihn verzichtet, weil beim Überdenken dessen, was über ihn alles zu berichten sei, im Grunde ein separates Buch notwendig wäre. Er quittierte dies mit einem lauten Lachen und forderte mich auf, diese Ankündigung sofort in die Tat umzusetzen.

Wie es aber so geht im Leben, es drängten sich andere Aufgaben dazwischen und das Fatale an der jetzt zu erzählenden Geschichte ist, dass ihr Protagonist sie nicht mehr lesen kann, weil er inzwischen verstorben ist. Als Verkehrsrichter ist er ausgerechnet einem Verkehrsunfall zum Opfer gefallen. Noch im Tod hat ihn die ihm eigene Ironie eingeholt.

Aber zurück zur Geschichte. Schon nach kurzer Zeit zeigte man mir im Zimmer des Amtsrichters (ich will den Namen nicht länger verschweigen) Dr. Rudolf Kripp, der damals in Germersheim neben seiner Strafrichtertätigkeit auch Haftrichter war, weil das Gericht noch Haftgericht gewesen ist, in der Decke drei Einschusslöcher bzw. drei nicht verputzte schwärzliche Stellen, die sehr augenfällig waren. Von Justizangestellten wurde mir in verschiedenen Variationen, aber im Kern gleichbleibend, die Entstehung dieser drei Flecken erklärt und ich fasse nun alle mir zugänglichen damaligen Informationen zusammen, um die Geschichte einigermaßen zutreffend wiederzugeben.

Es war bei einer Haftprüfung in Anwesenheit von Anwalt, Staatsanwalt und Protokollführerin. Über die Namen habe ich zwar Andeutungen erfahren, sie sollen aber in der Geschichte wegen des wenig heldenhaften Benehmens der Leute nicht genannt werden, ein Verhalten, dem ich mich in der gleichen Situation rückhaltlos angeschlossen hätte. Der Beschuldigte saß Dr. Kripp gegenüber, der wie üblich (wer ihn kannte, hat das Bild vor sich) Pfeife rauchend hinter seinem Schreibtisch Platz genommen hatte und den Beschuldigten fixierte. Plötzlich zog der Mann (die Kontrollen waren damals noch ausgesprochen lax) einen Revolver, hielt diesen unvermittelt genau auf den ihm gegenüber sitzenden Richter und in diesem Moment verschwanden die drei anderen Beteiligten (ich wäre mit Sicherheit auch dabei gewesen) unter Tisch und Bänken, um sich zu schützen.

Der einzige, der sich nicht rührte und diesen Vorgang mit stoischer Ruhe betrachtete, war der eigentlich Gefährdete. Dr. Kripp sog genüsslich an der Pfeife, blies dem Beschuldigten den Rauch ins Gesicht und war einfach mit seiner ganzen Persönlichkeit da. Wenn ich bislang nicht schon geglaubt hätte, dass eine starke Persönlichkeit auch in der Lage ist, aggressive Täter zu entwaffnen, so wäre dies der Beweis gewesen.

Der Beschuldigte, durch dieses Verhalten völlig nervös geworden, fuchtelte mit dem Revolver herum, richtete ihn schließlich gegen die Decke, gab drei Schüsse ab, die zu den genannten ominösen Flecken führten und legte dann, ich muss es so sagen, lammfromm seine Waffe vor den ihn immer noch fixierenden Richter.

Als die übrigen Beteiligten erleichtert aus ihren Deckungen hervorgekrochen und gespannt waren auf den Fortgang des Verfahrens, sog Dr. Kripp noch einmal an seiner Pfeife, blies erneut den Rauch in Richtung des völlig erstarrten Beschuldigten und raffte sich zu folgendem, zur Legende gewordenen Ausspruch auf, der ihn charakterisiert, denn in diesem Satz ist er völlig als Persönlichkeit enthalten.
Er sagte nämlich:
„Wenn Sie das nochmal machen, bekommen Sie eine Ordnungsstrafe."

Puff

In unseren Zeiten ist für einen Strafverteidiger der Umgang mit den Medien eine ganz wichtige Angelegenheit, um unberechtigte Vorverurteilungen zu verhindern und möglichst frühzeitig auch den Zungenschlag des Angeklagten in die öffentliche Berichterstattung zu bringen.

Wenn man, wie ich, lange in diesem Gewerbe tätig ist, dann hat man natürlich die entsprechenden Pressekontakte, aufgebaut über viele Jahre. Ich muss für alle Journalisten, mit denen ich zu tun hatte, insoweit eine Lanze brechen, als ich mich auf ihre Diskretion genauso verlassen konnte wie diese sich auf die meinige. Es war mit den Medienvertretern immer eine klare Unterscheidung zu treffen zwischen dem, was berichtet werden konnte und dem, was nicht – zumindest zum Zeitpunkt des ersten Kontakts.

Da wir unstreitig in einer Gesellschaft leben, in der das Mediale eine überragende Rolle spielt, kann sich ein Verteidiger, der seine Aufgabe richtig wahrnimmt, nicht auf das „stille Kämmerlein" der Hauptverhandlung alleine verlassen, sondern er muss manchmal recht offensiv die Tendenz seiner Verteidigungsstrategie in der Öffentlichkeit vertreten. Gerade Prozesse wie zum Beispiel der Kachelmann-Prozess zeigen, wie notwendig es ist, sich möglichst frühzeitig als Verteidiger in den „medialen Zirkus" einzuklinken, um nicht ganz entscheidende Schlachten schon im Vorfeld einer Hauptverhandlung zu verlieren.

Ich will von einem recht witzigen Ereignis berichten, dass mit dieser Pressearbeit zusammenhängt. Ein nicht unbekanntes Boulevard-Blatt, dessen Berichte für die Zukunft eines Mandanten manchmal entscheidend sein können und zu dem ein kluger Verteidiger natürlich Kontakt hält, hatte sich einmal an unser Büro gewandt und angefragt, ob etwas Berichtenswertes, etwas möglichst Humorvolles, in unserer Kanzlei zur Behandlung anstehe. Ich musste passen, denn außer zwei Mordverfahren, die nun nicht gerade den Lustigkeitsgrad erreichten, der von der Anruferin gefordert war, war in unserer Kanzlei damals gerade nichts anhängig, was als besonders humorvoll einzustufen gewesen wäre. Als ich schon passen wollte, fiel mir plötzlich ein, dass vor geraumer Zeit eine Dame bei mir vorstellig geworden war und den Wunsch geäußert hatte, wir sollten uns einmal mit der Frage auseinandersetzen, ob es rechtlich möglich sei, in der so ruhigen Provinzstadt Landau ein Bordell zu errichten. Die Dame, die nun wirklich nicht dem entsprach,

was man diesem Gewerbe zuzuordnen gewohnt ist, sondern einen ausgesprochen seriösen Anstrich hatte, bat uns, ein Gutachten über diese Frage zu verfassen.

Ich hatte damals einen äußerst begabten Referendar im Haus, der heute Richter in München ist und den ich mit dieser Aufgabe betraute. Er lieferte ein Gutachten über zehn Seiten ab, das die Frage von allen Seiten beleuchtete und zu dem für die Mandantin niederschmetternden Ergebnis kam, dass aufgrund der zu geringen Einwohnerzahl von Landau die rheinland-pfälzischen Gesetze ein solches Etablissement nicht erlaubten.

In einer Fußnote hatte der Mitarbeiter allerdings angemerkt, dass in Baden-Württemberg die Rechtslage völlig anders sei. Dort sei in Kommunen von der Größe Landaus durchaus die Errichtung eines Freudenhauses erlaubt. Es schlossen sich mehr oder minder witzige Erörterungen in unserem Büro über die unterschiedliche Triebstärke in beiden Bundesländern an.

An dieses Gutachten dachte ich in meiner Not und teilte der anfragenden Journalistin mit, wir hätten etwas „über einen Puff", was geradezu Begeisterungsstürme am anderen Ende der Leitung auslöste und zu ihrer Kommentierung führte: „Puff ist immer gut."

Nach diesem Freudenausbruch sagte ich der Anruferin, ich sei die Geschichte nur dann abzutreten bereit, wenn sie mir gestatten würde, die Überschrift über dem Artikel zu formulieren. Sie wehrte vehement ab und gab mir zu verstehen, dass die, wie es neudeutsch heißt, „Headline" allein vom Chef der Redaktion formuliert werden dürfe. Ich bot ihr gleichwohl das Gutachten an und bat sie, mir ihren Artikel per Fax zu übersenden. Sie tat das auch und ich stellte fest, dass sie aus dem trockenen juristischen Stoff eine recht possierliche Geschichte montiert hatte.

Dann unternahm ich einen erneuten Vorstoß, meine Wunschüberschrift unterzubringen. Schließlich gab die Journalistin nach, nachdem ich ihr bedeutet hatte, sie könne ja diese Schlagzeile als ihre eigene Erfindung ausgeben und ihrem Chef anbieten. Unter dieser Prämisse war sie einverstanden. Ich teilte ihr meine „Headline„ mit und gab ihr zu verstehen, ich sei der Auffassung, dass ihr Chef von ihrer Überschrift mit Sicherheit begeistert sein würde. Genau dies trat auch ein. Nach einer halben Stunde rief sie überglücklich an, weil ihr Chef ihr bedeutet hatte: „Der Aufmacher ist genial, warum kommen Sie nicht öfter mit solchen Ideen?" „Die Überschrift lautete: IST BUMSEN LÄNDERSACHE?"

Umgang mit Schrecklichem

„Viel Schreckliches gibt es auf der Welt, aber das Schrecklichste ist der Mensch." So beginnt das erste Chorlied in der „Antigone" des Sophokles und damit ist eigentlich schon alles umrissen, was in diesem Kapitel Gegenstand werden soll.

In meiner Verteidiger-Laufbahn habe ich viele auch ausgesprochen grausame Fälle behandeln müssen. Die Gewöhnung an solche Dinge verhindert nicht, dass ein besonderer Umgang mit diesen Formen des Verbrechens für den Verteidiger nötig wird, um dem Druck standzuhalten. Es gibt da Tricks des Gehirns, die einem mit diesen Geschehnissen leben lassen.

Wenn ich mich an besonders schreckliche Fälle in der Tatausführung zurückerinnere, dann fällt mir in der Regel nicht der blutige Sachverhalt ein, sondern es drängt sich die entscheidende Rechtsfrage, die beim Bundesgerichtshof in der Revision eine Rolle gespielt hat, in den Vordergrund. Meine Erinnerung lässt mich diese Fälle immer von der rechtlichen Seite her aufrollen, so dass das eigentliche Geschehen dahinter zunächst verschwindet. Dies ist einer dieser Tricks, die ich meine: Eine besondere Umgangsart wird mit diesen Fällen notwendig, um sie überhaupt bewältigen zu können.

Wenn ich, um dies mit einem Beispiel zu illustrieren, an Bernhard Kimmel (Al Capone von der Pfalz) denke, dann drängt sich auch hier die beim Bundesgerichtshof eine Rolle spielende Rechtsfrage der Abtrennung eines Verhandlungsteils in den Vordergrund, eine Rechtsfrage, die zum Nachteil von Kimmel beantwortet worden ist. In der amtlichen Sammlung des BGH in Band 30 hat sie ihren Abdruck gefunden.

Ich weiß noch genau, dass der damalige Vorsitzende der Schwurgerichtskammer in Darmstadt, derselbe übrigens, der mir einmal bescheinigt hatte, man sei mir beinahe auf den Leim gegangen, mich nach Eingang meiner Revisionsschrift anrief und den klassischen Satz sagte: „Den Fall machen wir noch einmal", weil damals die gängige Rechtsprechung auf meiner Seite war.

Der Zweite Strafsenat des BGH änderte aber im Falle Kimmel seine bis dahin geltende Rechtsprechung zum Nachteil des Mandanten, so dass es bei der

Entscheidung des Landgerichts Darmstadt geblieben ist. Dies zeigt, dass das eigentliche Geschehen in der Erinnerung an die zweite Stelle rückt und ich halte dies – wie gesagt – für eine Notwehr der Natur, um mit solchen Geschehnissen halbwegs unbeschadet umgehen zu können.

Ein anderes Beispiel: Ich hatte die Verteidigung eines Mannes erst in der Revision übernommen, der von der Schwurgerichtskammer des Landgerichts in Zweibrücken zunächst zu lebenslanger Haft verurteilt worden war, weil er seine Lebensgefährtin mit 78 Messerstichen getötet hatte. Die Kammer nahm in ihrem Urteil das Mordmerkmal „grausam" an. Meine Aufgabe bestand nun darin, den Versuch zu machen, aus dem Mord in den Totschlag und damit in eine zeitlich begrenzte Freiheitsstrafe zu kommen, was schließlich auch gelang.

Bei der Lektüre des Urteils fiel mir nämlich auf, dass an keiner Stelle ausgeführt war, welcher der Messerstiche überhaupt tödlich gewesen ist. Es konnte nach den Urteilsgründen der erste gewesen sein, es konnte aber auch der letzte oder einer dazwischen zum Tode geführt haben. Da nun das Mordmerkmal „grausam" in der Rechtsprechung des Bundesgerichtshofes (auf solche Definitionen können nur Juristen kommen) so definiert ist, dass „grausam" eine über die zur Tötung notwendige Tätigkeit hinausgehende, in sozusagen quälerischer Absicht durchgeführte Handlung bezeichnet, war hier einfach – wenn man zugunsten des Täters von der Tödlichkeit des ersten Stiches ausging – diese Wertung nicht aufrechtzuerhalten. War nämlich der erste Stich schon tödlich, dann waren die folgenden 77 Stiche an einer Leiche verübt worden und konnten damit das Mordmerkmal „grausam" nicht erfüllen.

Der damalige Vorsitzende des Vierten Strafsenats, Professor Dr. Meyer-Goßner, den ich nach seiner Pensionierung als juristischen Berater für unsere Kanzlei gewinnen konnte, eröffnete damals die Sitzung mit dem Ansinnen an mich: „Definieren Sie 'grausam' aus der Rechtsprechung des Bundesgerichtshofes, Herr Rechtsanwalt." Ich kam dieser Aufforderung in der Form nach, wie ich sie oben dargestellt habe. Der Vorsitzende wandte sich dann an den Vertreter der Bundesanwaltschaft mit der schlichten Frage: „Und ist dies hier der Fall?" Dieser verneinte kopfschüttelnd. Der Vorsitzende versah dies mit dem Schlusswort „also" und hob das Urteil des Schwurgerichts auf. Im zweiten Durchgang erhielt der Mandant 12 oder 13 Jahre.

Auch dies ist ein Beispiel dafür, dass sich die Rechtsfrage in den Vordergrund drängt und nicht das schreckliche Geschehen. Bleibt zur Abrundung noch hinzuzufügen,

dass mich nach diesem Urteil zahlreiche Briefe erreichten, meist von anonymen Schreibern. Einer dieser Briefe ist mir wegen seiner lapidaren Kürze in Erinnerung geblieben: „Für Dich langt ein Stich!" Meine Frau war eine Weile sehr beunruhigt und natürlich haben auch mir diese Anwürfe nicht gerade gefallen. Dies muss man aber aushalten.

Immer wieder hat mich beunruhigt und wird mich auch in Zukunft beschäftigen, dass in vielen dieser Fälle die eigentlich uns mitgegebene Vernunft von Affekten in einer Form überrannt wird, dass man nur schaudern kann. Wie oft habe ich an den Satz des Mephisto im „Faust" gedacht: „Ein wenig besser tät er leben (der Mensch), hättest du ihm nicht den Schein des Himmelslichts gegeben, er nennt's Vernunft und braucht's allein, um tierischer als jedes Tier zu sein."

Aber es gibt doch einen Trost und ich will ihn mit einer Geschichte vermitteln, die meine schon länger verstorbene Mutter betrifft, die eine große Schwierigkeit mit ihrem Sohn hatte, weil sie oft in der Zeitung lesen musste, dass er als Anwalt wieder eine Vergewaltigung, einen Mord, einen Totschlag, einen schweren Raub vor Gericht verteidigte. Sie bemerkte öfter: „Warum kümmerst Du Dich nicht um Wirtschaftsstrafsachen, warum müssen es denn immer diese grausigen Fälle sein?"

Sie war eine streng gläubige Katholikin und eines Tages habe ich sie mit ihren eigenen Waffen geschlagen. Seit diesem Gespräch kam ein solcher Vorwurf von ihrer Seite nicht mehr. Ich sagte ihr nämlich bei einer derartigen Gelegenheit: „Liebe Mutter, was meinst Du, von wem wir mit Sicherheit wissen, dass er sich im Paradies befindet?" Sie stutzte und ich fuhr fort: „Das ist kein Papst, kein König, kein Wirtschaftsführer, das ist ein Raubmörder, zu dem der Herr am Kreuz gesagt hat, noch heute Abend wirst du bei mir im Paradiese sein." Damit war das Thema katholisch beendet. Roma locuta, causa finita (Rom hatte gesprochen, der Fall war erledigt).

Das Fazit ist aber, dass auch ein Mensch, der Schlimmstes und Grauenhaftes begangen hat, letztlich die Chance zur Umkehr und Rückkehr in die menschliche Gemeinschaft und, wie in meinem Beispiel gezeigt, sogar zum himmlischen Abendessen hat.

Trost

Ein Strafverteidiger muss in den entscheidenden Situationen wie ein Boxer allein dastehen. Wenn er verliert, kann er keine Vorstandskonferenz einberufen und einen Vizepräsidenten oder den stellvertretenden Verkaufsdirektor fertigmachen. Deshalb mögen ihn die kleinen Charaktere nicht, die außerhalb einer Organisation gar nicht existieren könnten. Manchmal kann diese Einsamkeit sehr schmerzlich sein. Ich will von einem Fall berichten, der nicht in den Reigen heiterer Begebenheiten passt, der aber zeigt, was einem Verteidiger alles passieren kann.

Es ist ein höchst einsamer Moment, wenn der Mandant neben dir zusammenzuckt. Denn er hat damit gerechnet, nur wegen Totschlags verurteilt zu werden und allenfalls, wie von mir beantragt, zwölf Jahre zu bekommen, und nun hört er plötzlich das Verdikt „lebenslang". Ich habe die Blicke beim Weggehen des Mannes lange in mir gespürt.

Das ist der Moment, wo ich diese Situation mit dem leichtfertigen Satz wegzuschieben pflege: „Ich habe doch den schönsten Beruf, denn ich mache Lebenserfahrung auf fremde Rechnung." Diese Rechnungen können aber manchmal so deftig ausfallen, dass es schwierig ist, sie zu bezahlen.

Ich hatte einen Mann zu verteidigen, dem vorgeworfen wurde, einen Taxifahrer ermordet zu haben. Die Anklage lautete demgemäß auch auf Mord. Nach Aktenlage versuchte ich, in einen Totschlag zu kommen, musste mich aber während des gesamten Verfahrens mehr gegen den eigenen Mandanten als gegen das Gericht wehren (ein Zustand, der oft eintritt), weil dieser trotz der schlechten Beweislage darauf bestand, unschuldig zu sein und mir antrug, auf Freispruch zu plädieren.

Für die Verhandlung waren vier Tage anberaumt, am Ende wurden es 15, weil von mir immer weitere Beweisanträge gestellt werden mussten, die mir von dem Mandanten inhaltlich vorgegeben worden waren. Nun bin ich der Letzte, der sich dem Willen seines Mandanten beugt und ich habe auch in diesem Fall alles Mögliche bis zur groben Unhöflichkeit unternommen, um ihn dazu zu bringen, ein Geständnis abzulegen. Ein solches hätte uns die Chance gelassen, in den Totschlag zu kommen.

Nach etwa fünf Tagen bot sich eine Gelegenheit. Das Gericht, ich will dies so nennen, „hisste die weiße Flagge", bat mich zu einem Gespräch und erklärte eindeutig, dass man von Seiten der Kammer mit acht Jahren und Totschlag leben könnte, wenn der Mandant ein Geständnis, das ich bereits vorbereitete hatte, ablegen würde.

Mit diesem strafrechtlichen Sonderangebot bedrängte ich den Schützling ganz massiv. Wenn ich zurückdenke, ist dies der einzige Fall, wo ich am Mandanten gescheitert bin und zwar zu dessen Nachteil. Es kam, wie es kommen musste. Ich gab mir redliche Mühe, im Plädoyer auf die Schwachstellen der Indizienkette (Zeugen gab es insoweit nicht) hinzuweisen. Das Ende vom Lied war aber, dass sich der Zustand einstellte, den ich eingangs beschrieben habe: die tiefe Einsamkeit neben einem Mann, der auf Freispruch gehofft hatte und nun wegen Mordes lebenslang ins Gefängnis musste.

Im Weggehen sagte er mir, dass ich mir keine Gedanken machen solle, ich hätte getan, was zu tun gewesen sei. Er bat mich aber, sobald das Urteil abgefasst sei, zu prüfen, inwieweit eine Revision Aussicht auf Erfolg haben könnte. Ich unterzog mich diesem Auftrag und als das Urteil kam, habe ich wirklich Tage und Nächte damit verbracht, eine Revisionsrechtfertigung auf den Weg zu bringen, die mir heute noch als sehr gelungen vorkommt, die aber, dies ist beim Bundesgerichtshof leider öfter so, gar nichts nützte. Die Sache wurde als unbegründet verworfen und das Urteil damit rechtskräftig.

An dem Tag, als mich der dürre Beschluss des Bundesgerichtshofs erreichte, ließ ich alles liegen und stehen und sagte zu meinen Leuten, ich müsse sofort zu meinem Mandanten, weil diesen der Beschluss des Bundesgerichtshofs auch heute erreichen würde. Ich wollte ihm in dieser bitteren Stunde wenigstens beistehen.

Gesagt, getan. Ich fuhr in die Haftanstalt und ließ mich zu dem Mandanten bringen, das heißt, ich wartete im Anwaltszimmer, bis er erschien. Ich hatte einen völlig niedergeschmetterten und zerknirschten Mann erwartet, aber es betrat ein Mensch den Raum, auf dessen Lippen ein leichtes Lächeln lag. Er setzte sich mir gegenüber und ich sagte ihm, das sei nun das Ende, ich sei absolut enttäuscht von der Haltung des Bundesgerichtshofs und würde prüfen, inwieweit eine Verfassungsbeschwerde den letzten Ausweg bilden könnte. Er sah mich lange an und nachdem ich weiter geradezu gejammert hatte, legte er – er war gewiss von Statur und Wesen kein zärtlicher Mensch – seine Pranken auf meine Hände und sagte: „Gell, Sie sind sehr

traurig". Ich bestätigte ihm, dass ich wirklich am Boden zerstört sei und da drückte er meine Hände und sagte: „Sie müssen nicht traurig sein, ich habe den Mord begangen."

Wie betäubt bin ich aus dem Gefängnis auf die Straße gekommen und war richtig erleichtert, dass das Urteil richtig ist. Die Einsamkeit des Strafverteidigers fühlte ich zwar immer noch, aber in einer viel tröstlicheren Form. Um auf das Beispiel des Boxers zurückzukommen: Hier hatte mich mein eigener Mann ganz vernünftig aus dem Ring genommen und das Handtuch geworfen, weil er einsah, dass er schuldig war und mich mit weiteren rechtlichen Aktionen nicht belasten wollte. Ich weiß noch seinen Namen. Er wird zu denen gehören, die ich nie vergessen werde.

Meine Freunde oder die Königin von Schweden und der israelische Geheimdienst

Sehr ans Herz gewachsen in meiner Tätigkeit als Anwalt sind mir diejenigen, die wir landläufig für verrückt erklären, die unter irgendeinem Wahn oder einer Zwangsvorstellung leiden und die aber, wenn man sich in ihr eigenes Wahnsystem begibt, durchaus erfreuliche Charaktere sein können.

In meiner Tätigkeit als Anwalt habe ich es mir schon früh angelegen sein lassen, derartige Mandanten, die sich ab und zu in unsere Kanzlei verirrt haben und hoffentlich noch lange verirren werden, in besonderer Weise zu behandeln. Ich gebe ihnen das Gefühl, dass sie ernst genommen werden Das hat sicher schon oft zur Linderung ihrer Beschwerden beigetragen. Wenigstens bilde ich mir das ein.

Nun ist es ja nicht erst seit dem Buch von Manfred Lütz und Eckart von Hirschhausen „Irre – Wir behandeln die Falschen: Unser Problem sind die Normalen" für nachdenkliche Charaktere, die sich mit der Materie näher befassen, oft wirklich fragwürdig, wo sich die eigentlich Verrückten aufhalten. Diejenigen, die in den Anstalten untergebracht sind oder wir draußen, die wir auch Tätigkeiten nachgehen, die unter kritischen Aspekten oft als völlig unsinnig bezeichnet werden könnten.

Aber genug der Theorie. Unsere Kanzlei hatte als Mandantin eine Dame, die von dem ihr nicht auszuredenden Gedanken (wir haben es allerdings niemals versucht) beseelt war, die eigentliche Thronerbin des schwedischen Königreiches zu sein und die uns mit dem Auftrag betraute, einmal nachzuprüfen, wie sie in ihre Rechte wieder eingesetzt werden könnte.

Ich habe mich mit ihr einige Zeit befasst, sie besuchte uns im Monat etwa einmal, machte auch telefonisch ordnungsgemäß ihre Termine aus und war immer mit etwa 20 bis 30 Minuten Gespräch zufrieden.

Wir hatten – das Personal, die mit dem Fall befasste damalige Mitarbeiterin meines Büros Rechtsanwältin Hoos und auch ich – uns zur Angewohnheit gemacht, die Dame als Königliche Hoheit anzusprechen, was ihr immer ein huldvolles Lächeln entlockte. In dem gemeinsamen Gespräch drehte sich alles darum, wie ihr zur Thronfolge verholfen werden könnte. Danach schien sie immer sehr zufrieden. Sie bedankte sich höflich und gab zu erkennen, dass, falls sie in ihre alten Rechte eingesetzt würde, für unsere Kanzlei und für jeden, der bei uns mit dem Fall befasst sei, eine Ehrung vorgenommen werde.

Eines Tages, Königliche Hoheit war wieder erschienen und von meiner Kollegin zum Gespräch gebeten worden, kam Rechtsanwältin Hoos zu mir in mein Arbeitszimmer, lachte herzhaft und sagte, jetzt hätten wir endlich die Gelegenheit, ihr klar zu machen, dass irgendetwas bei ihr nicht stimme.

Ich fragte neugierig nach und erfuhr, dass die Mandantin eine Fotografie mitgebracht hatte, die angeblich anläßlich der Beerdigung des belgischen Königs Baudouin aufgenommen worden sein sollte. Die Dame habe ihr das Bild über den Tisch geschoben und sie aufgefordert, ihr zu zeigen, wo sie sich auf dem Foto befinde. Denn damals habe sie die schwedische Krone bei der Beerdigung aufgrund einer vom König erteilten Ausnahmegenehmigung vertreten, einem König, der natürlich nicht der rechtmäßige sei, wie sie bei jeder Gelegenheit hinzuzufügen pflegte.

Die Kollegin unterzog sich dieser Aufgabe nicht, sondern schützte eine außerhalb ihres Zimmers vorzunehmende Tätigkeit vor und kam, wie erwähnt, in mein Büro und sagte: „Chef, Sie gehen jetzt mit hinüber und ich zeige Ihnen das Foto und Sie fragen die Dame, wo sie sich auf dem Foto befindet."

Auch ich war von diesem Gedanken sehr angetan und hoffte, dass wir sie jetzt in gewisser Weise entlarven könnten, was allerdings nur für uns gedacht war, denn wir hätten sie niemals aus ihrem eingebildeten Königreich vertrieben. Denn das wäre einfach zu grausam gewesen. Ich begab mich also frohgemut in das Zimmer der Kollegin, schaute mir das Foto an und legte es dann vor die „Königin von Schweden" mit der ultimativen Aufforderung, sie möge uns doch auf diesem Bild zeigen, da wir sie nicht fänden, wo sie sich denn in der Reihe der königlichen Häupter befinde.

Ohne zu zögern deutete sie auf eine Dame in der ersten Reihe des Fotos. Als wir dem Fingerzeig nachgingen, erstarrten wir, denn es handelte sich um eine tief verschleierte Person, von der die Gesichtszüge beim besten Willen nicht auszumachen waren. Sie hatte uns also wieder einmal reingelegt und ich habe

daraus die Erkenntnis gewonnen, dass auch in diesen Wahnsystemen eine innere Logik vorherrscht, der man sich schwer entziehen kann.

In derartigen Fällen nehmen wir natürlich kein Honorar, sondern betreuen solche Leute sozusagen sozial mit. Denn unser Beruf muss auch eine starke soziale Note beibehalten und wir sollten nicht nach dem alten Juristenscherz handeln, dass uns die liebsten Klienten die Schizophrenen seien, weil sie den Vorschuss doppelt bezahlten.

Ein anderer Fall, der in diese liebenswürdige Kategorie gehört, war ein Mann, der mich mehrfach aufsuchte mit der Bitte, seinem Sohn, einem Professor in Kalifornien, zu helfen. Der habe eine bahnbrechende militärische Erfindung gemacht, hinter der nun alle Geheimdienste der Welt her seien. Sein Filius habe sich schon an die Bundesregierung gewandt, die ihm aber mitgeteilt habe, sie könne in einem solchen Fall nicht helfen.

Der Mann war so von seiner Idee ergriffen und machte sich derartige Sorgen um seinen Sohn (dabei wusste ich noch nicht einmal, ob er überhaupt einen hatte), dass es einem ans Herz ging. Meist tauchte er urplötzlich ohne vorherige Terminvereinbarung auf, verlangte, mich zu sprechen, was ihm natürlich aufgrund seines Sonderstatus gewährt wurde. Er überfiel mich mit ständig neuen furchterregenden Szenarien.

Eines Tages stürmte er wieder in mein Arbeitszimmer, war völlig aufgelöst und teilte mit, er sei eben in seine Küche gekommen und habe mit Entsetzen feststellen müssen, dass zwei Mitglieder des israelischen Geheimdienstes hier Spaghetti zubereiteten. Mein humoristisch gemeinter Einwurf, bei der Art des Gerichtes, das die Herren gekocht hätten, habe es sich wohl eher um den italienischen Geheimdienst gehandelt, fiel nicht gerade auf fruchtbaren Boden. Denn der Mann bestand unerbittlich auf Israel und betonte, jetzt seien auch die Israelis hinter seinem Sohn her und er fürchte, dass dieser bald irgendeinem dieser unerbittlichen Jäger zum Opfer fallen würde.

Der Mann war in einem höchst bedenklichen Zustand und ich griff zu einem Bluff, der seine Wirkung nicht verfehlte. Ich teilte ihm mit, dass ich (in dieser Zeit spielte die Geschichte) mit dem deutschen Außenminister Hans-Dietrich Genscher eng bekannt und es mir deshalb ein Leichtes sei, über das Auswärtige Amt eine

Bewachung seines Sohnes durchzusetzen. Damit sei er den Gefahren, die durch die Geheimdienste drohten, enthoben.

Im Beisein des Mandanten griff ich zum Telefon, wählte eine Phantasienummer und flötete ins Telefon: „Guten Morgen, Hans-Dietrich, wie geht es dir". Ich täuschte einen Plausch mit dem damaligen Außenminister vor, darin gipfelnd, dass ich ihm das Problem des vor mir sitzenden Mandanten, dessen Miene sich immer stärker aufhellte, schilderte. Mit dem Satz „Dann bis bald, Hans-Dietrich" beendete ich das vermeintliche Telefonat und erklärte dem staunenden Mandanten, das Auswärtige Amt werde sich um seinen Sohn kümmern.

Mit vielen Dankesbezeugungen entfernte sich der Mandant und kehrte nie wieder. Ein halbes Jahr später erhielt ich von ihm einen Brief, in dem er sich ausdrücklich für meinen Einsatz bedankte, und er wies darauf hin, dass sein Sohn dank der Überwachung durch Mitglieder des Auswärtigen Amtes jetzt völlig in Sicherheit sei und er seine Ruhe gefunden habe.

Wie er doch Recht hat, der alte Aristoteles: „Es sind nicht die Dinge selbst, die die Welt bewegen, sondern die Meinungen über dieselben."

Physik

Natürlich spielt das liebe Geld auch in unserer Profession eine entscheidende Rolle. Oft haben wir uns damit herumzuärgern, dass Mandanten, die sich unseres Beistandes durch einen Vorschuss versichert haben, dann, wenn das Verfahren für sie beendet ist, einen noch auf dem Rest des Honorars entweder lange sitzen lassen oder es gar vorziehen, überhaupt nicht mehr zu bezahlen. Denn der Druck des Prozesses, vor allem im Strafrecht, ist ja von ihren Schultern genommen. Dies führte zu dem legendären Ausspruch eines alten Landauer Kollegen: „Man muss sie scheißen lassen, solange sie Bauchweh haben." Diesem Satz ist nichts hinzuzufügen.

Deshalb ist es manchmal fast tröstlich, wenn Kostenschuldner der Staat, also eine Pflichtverteidigung abzurechnen ist. Denn dann kann man sicher sein, dass man sein Geld bekommt, wenn auch wohl selten in der Größenordnung, die man verlangt hat. Man muss den finanziellen Atem haben, vor allem als junger Anwalt, mindestens ein halbes Jahr warten zu können, bis der Geldsegen sich einstellt.

Viele Kontrollinstanzen überprüfen nämlich die Rechnung, die man eingereicht hat. Wenn der Kostenbeamte seine Bemerkungen zu der Sache gemacht hat, dann kommt noch der Bezirksrevisor zu Wort, der noch einmal alles überprüft und mit spitzem Griffel feststellt, ob die Honorarforderung angemessen ist oder nicht.

In meiner Frühzeit als Anwalt hatte ich zusammen mit einem Landauer Kollegen die Verteidigung in einer Mordsache übernommen. Jeder von uns betreute einen der Täter, die gemeinsam die Tat begangen hatten. Wir waren beide als junge Anwälte als Pflichtverteidiger beigeordnet. Als wir unsere Honorarforderung an die Landeskasse stellten, haben wir uns natürlich nicht abgestimmt, sondern jeder hat unabhängig voneinander seine Rechnung ausgefertigt.

Die Kostenbeamtin hatte nichts einzuwenden. Ich bekam aber dann eine Mitteilung, die mich doch etwas verwunderte: Denn der Bezirksrevisor bemängelte, dass ich bei einem Besuch der Haftanstalt in Frankenthal sechs Kilometer mehr abgerechnet hätte, als dies bei dem Kollegen der Fall gewesen sei und er wollte die Rechnung um diesen geringfügigen Betrag kürzen.

Nun war mir dies angesichts der Summe, um die es ging, völlig gleichgültig. Aber ich war doch einigermaßen erbost über diese, um es pfälzisch zu sagen, „Dibbelschisserei" und wollte zumindest nicht sang- und klanglos diese Erbsenzählerei über mich ergehen lassen. Als ich die Akte durchblätterte, sah ich, dass ich meinen Mandanten im Juli aufgesucht hatte, während der Kollege eine Fahrt Anfang Dezember abgerechnet hatte. Und dieser kalendarische Glücksfall führte zu meiner Retourkutsche.

Ich schrieb an das Landgericht, dass ich mich ernsthaft mit der Frage beschäftigt hätte, warum meine Fahrt nach Frankenthal sechs Kilometer länger gewesen sei als die des Kollegen und könne jetzt die Aufklärung liefern. Es handele sich um ein allgemein bekanntes physikalisches Gesetz, dass nämlich die Wärme die Strecken auseinanderziehe, während sie bei Kälte sich zusammenzögen. Unter Hinweis auf die Daten der beiden Fahrten stellte ich dann fest, dass sich daraus die Differenz eindeutig physikalisch belegen lasse.

Ende vom Lied: Ohne Widerrede wurden mir die sechs Kilometer vergütet. In der Folgezeit hat sich wenigstens dieser Bezirksrevisor mit mir nicht mehr angelegt.

Erledigung der Hauptsache

Es gibt auch in unserem Berufsalltag Kollegen, die einem trotz aller in unserem Geschäft notwendigen Auseinandersetzungen vor Gericht oder außergerichtlich geradezu ans Herz wachsen, selbst wenn sie manchmal höchst unbequeme Gegner sind, weil sie von ihrem Charakter her uns in irgendeiner Weise berühren.

Einer derjenigen, die mir immer in bester Erinnerung bleiben werden, ist der geschätzte Kollege Franz Moster aus Bad Bergzabern, der jetzt über 80 Jahre alt, aber nach wie vor hellwachen Geistes ist. Mit ihm verbindet mich eine höchst amüsante gerichtliche Auseinandersetzung, die durch die Gründe des Urteils festgehalten worden ist. Es war eine dieser leidigen und unnötigen Nachbarrechtsstreitigkeiten, die Anlass für dieses Ereignis waren. Diese Auseinandersetzung hatte geradezu klassischen nachbarrechtlichen Charakter, denn es ging um die berühmten Grenzabstände von Pflanzen, im konkreten Fall von Weidenbäumchen zum Nachbargrundstück.

Wer je erlebt hat, mit welcher Inbrunst derartig lächerliche Kleinigkeiten von den Parteien verfolgt zu werden pflegen und zuweilen geradezu kriegerisches Ausmaß annehmen, der weiß auch, wie schwierig es ist, in diese Auseinandersetzungen ein Minimum von Vernunft hineinzutragen. Die Anwälte sind hier aufgefordert, nicht Öl ins Feuer zu gießen, sondern einfach mäßigend und – um im Beispiel zu bleiben – löschend tätig zu werden.

Nur am Rande sei vermerkt, dass ich einen dieser Fälle habe im Schwurgerichtssaal enden sehen: Der eine Nachbar hatte wegen kleiner Streitigkeiten, die sich summierten, plötzlich die Nerven verloren und mit einem Vorschlaghammer den Widerpart erledigt.

Ich war natürlich – und bin es auch heute nicht – nicht sehr begeistert von derartigen Auseinandersetzungen, aber sie fallen einfach in meinem Büro auch an. Damals war ein Mitarbeiter meiner Kanzlei mit dem angesprochenen Fall beschäftigt, der so weit gediehen war, dass eine Ortsbesichtigung in einem Dorf in der Nähe von Bad Bergzabern stattfinden sollte. Die Richterin wollte sich einen persönlichen Eindruck verschaffen und die Grenzabstände der Pflanzen nicht durch einen Sachverständigen vermessen lassen, sondern war gewillt, selbst Hand anzulegen, um wenigstens diese Kosten einzusparen.

Einen Tag vor dem angesetzten Termin rief mich Kollege Moster an. Wir plauschten ein wenig und er sagte, dass wir uns ja morgen sehen würden, denn er hoffe doch sehr, dass ich persönlich zu der Ortsbesichtigung kommen werde. Ich versuchte zunächst, ihm klar zu machen, dass ich wegen anderer Verpflichtungen dazu nicht in der Lage sei. Er war aber dann so freundlich penetrant, dass ich ihm zusagte, die Sache selbst in die Hand zu nehmen, weil er mir sozusagen als Lockmittel anbot, man könne sich ja noch nachher zu einem gemütlichen Kaffee oder Bier zusammensetzen. Einer solchen Aufforderung gerade dieses Kollegen konnte ich mich schlecht entziehen.

Zum Verständnis sei juristisch kurz etwas angemerkt, was es mit der sogenannten „Erledigung der Hauptsache" auf sich hat. In einem Rechtsstreit kann es passieren, dass während des Prozesses sich der Gegenstand, um den man sich streitet, sozusagen verflüchtigt, also zum Beispiel die Summe, die der Kläger vom Beklagten will, während des Prozesses bezahlt wird. Oder wenn es um die Herausgabe eines Gegenstandes geht, dieser während des Verlaufes des Rechtsstreites herausgegeben wird. Dann ist die Hauptsache erledigt und es wird nur noch über die Kosten entschieden.

Es war ein sehr heißer Tag und ich verfluchte schon meine Bereitschaft, mich nach Bad Bergzabern bzw. in die nähere Umgebung begeben zu haben. Bei der Ortsbesichtigung trotteten Kollege Moster und ich, die wir nur mäßig am Fortgang des Prozesses interessiert waren (er war Klägervertreter, ich Beklagtenvertreter), uns unterhaltend in geraumem Abstand hinter der Richterin her. Sie machte sich mit einem Metermaß und unter Assistenz der Protokollführerin daran, die einzelnen Abstände der Büsche zum Nachbargrundstück zu messen und alles zu notieren.

Wir erzählten miteinander von Gott und der Welt, als eines der Bäumchen mein Augenmerk erregte, weil es aufgrund wohl der schon Tage anhaltenden Hitze eingegangen war und einen kläglich verdorrten Eindruck machte. Einem plötzlichen Einfall folgend sagte ich zum Kollegen: „Schau mal, Franz, der Baum ist schon eingegangen. Dein Mandant hat dem wohl einen Schriftsatz von Dir vorgelesen und das hat selbst dieser Busch nicht ausgehalten." Der Kollege drohte mir spaßhaft mit dem Finger und wir lachten beide herzhaft.

Was wir nicht wussten und was die Geschichte abrundet, ist die Tatsache, dass die höchst beschäftigt scheinende Richterin Frau Neu immerhin noch so viel Aufmerksamkeit aufbrachte, um diese Äußerung zu hören. Sie verhielt sich an Ort und Stelle schweigend. Nachdem die Anträge gestellt waren, gingen wir beide noch einen trinken und unterhielten uns über alte Zeiten.

Als ich das Urteil erhielt und die Gründe überflog, stieß ich auf folgende Passage: „Bezüglich der Weidenbäumchen hat sich im Verlauf der Ortsbesichtigung bereits herausgestellt, dass die Hauptsache in Bezug auf eines der Bäumchen insoweit erledigt ist, als es eingegangen ist. Die Richtigkeit der in diesem Zusammenhang von dem Beklagtenvertreter geäußerten Vermutung, das Absterben der Pflanze könne darauf zurückzuführen sein, dass der Kläger dem Bäumchen einen Schriftsatz seines Rechtsvertreters vorgelesen habe, kann in diesem Zusammenhang dahinstehen.“ Es folgten dann weitere juristisch relevanten Ausführungen.

Ich hatte meine Lektüre kaum beendet, als das Telefon klingelte. Der Kollege hatte die Passage gerade auch gelesen und war nicht etwa eingeschnappt oder beleidigt, sondern quittierte diese witzige Aufmerksamkeit der Richterin mit einem herzhaften Lachen.

So können im Grunde oft sehr anstrengende Prozesse eine heitere Note annehmen. Ich bin der festen Überzeugung, dass man diesen Beruf nur aushalten kann, wenn solche Oasen des Humors, der immer im Grunde angewandte Vernunft ist, sich in der Wüste nachbarrechtlichen Kampfes zeigen.

Hansir

Eine der großen Schwierigkeiten, denen man sich heute als Verteidiger gegenübersieht, ist die Verteidigung von Ausländern, die einem völlig anderen Wertesystem verhaftet sind als wir und sich mit unserer Art von Rechtsprechung nur schwer abfinden können. Dies betrifft vor allem Türken und Araber, die sehr an ihrem Glauben hängen und oft religiöse Dinge in den Vordergrund schieben. Von den nüchternen Betrachtungen des deutschen Rechtswesens lassen sie sich auch in entscheidenden Momenten nur sehr schwer beeindrucken oder gar lenken. An zwei Fällen will ich dies darlegen.

Ich verteidigte einen Araber, dem vorgeworfen wurde, Rauschgift in größeren Mengen in die Bundesrepublik eingeführt zu haben. Die Beweislage war derart, dass bei einer professionellen Befassung mit der Sache dem Mandanten nur ein Geständnis anzuraten war, um dann im Urteil mildernde Umstände ernten zu können. Aus irgendwelchen Gründen sah sich der Mandant aber nicht in der Lage, ein Geständnis abzulegen. Bereits im Gefängnis hatte ich mit Hilfe eines Dolmetschers völlig erfolglos versucht, ihm die Vorteile dieser Strategie darzustellen. Aber ich biss auf Granit.

Im Laufe des Verfahrens, wir waren am zweiten oder dritten Tag, bat mich der Vorsitzende zu einem Rechtsgespräch und deutete an, dass bei einem Geständnis, das eine umfangreiche Beweisaufnahme ersparen würde, mit einer Strafe von vier Jahren zu rechnen wäre, während es bei einer konsequent durchgeführten Hauptverhandlung wohl zum Ergebnis käme, dass der Mandant schuldig sei und dann mindestens sechs oder sieben Jahre zu erwarten wären.

An dieser Stelle ist ein kurzer Hinweis darauf nötig, dass diese Absprachen im Strafverfahren, die vom Bundesgerichtshof der normativen Kraft des Faktischen folgend abgesegnet worden sind und jetzt sogar Gesetzescharakter angenommen haben, schon lange im Rechtsleben Eingang gefunden hatten. Denn gewisse Fälle waren ohne solche Absprachen einfach nicht zu bewältigen. Im Übrigen ist es oft besser, mit offenem Visier zu kämpfen und sich von vornherein klar zu machen, was geht und was nicht geht. Ich habe mit Absprachen, auch vor der gesetzlichen Regelung oder vor der Absegnung durch den Bundesgerichtshof, nie schlechte Erfahrungen gemacht, weil ich mich auf meinen Gegenüber im Richteramt genauso verlassen konnte, wie sich dieser meiner Fairness sicher war.

Nachdem ich dieses nun sehr verlockende Angebot vom Gericht erhalten hatte, versuchte ich, es dem Mandanten zu verkaufen. Mit Dolmetschers-Hilfe machte ich ihm klar, dass er hier eine große Chance habe, wenn er sich endlich zu einem Geständnis durchringen könne. Wenn er dies nicht täte, müsse ich die Garantie für den weiteren Verlauf fachlich ablehnen, obwohl ich natürlich mitten in einer Hauptverhandlung das Mandat nicht niederlegen konnte und wollte. Nach den jeweiligen Übersetzungen des Dolmetschers erwiderte der Mandant mit einem Wortschwall. In den Kernpunkten wurde mir dieser von dem Übermittler dargestellt. Immer wieder lief es darauf hinauslief, dass ihm seine Religion die Ablegung eines Geständnisses verbiete, zumal er mit der ganzen Sache nichts zu tun habe.

Ich redete mit Engelszungen und immer wieder ohne jeden Erfolg auf ihn ein. Dann platzte mir der Kragen und ich fragte den Dolmetscher, was Arschloch auf Arabisch heiße. Er informierte mich, dass das arabische Wort für diesen unappetitlichen Ausdruck „Hansir" laute, was wörtlich allerdings „Schwein" bedeute, aber im übertragenen Sinne das benenne, was ich übersetzt haben wollte.

Nachdem der Mandant erneut mit großem Wortaufwand mein Angebot abgelehnt hatte, fasste ich ihn ins Auge und schleuderte ihm ein entschiedenes „Hansir" entgegen – mit dem unerwarteten Erfolg, dass er nach diesem Frontalangriff plötzlich umschaltete, mir andeutete, er könne durchaus ein Geständnis ablegen und wäre zufrieden, wenn er mit vier Jahren weg käme. Das Verfahren endete dann auch mit diesem sehr glückhaften Ausgang.

Der Vorsitzende Richter, der in dem Moment, als ich zur Attacke angetreten war, sich im Hintergrund des Gerichtsgangs befand, bekam alles mit. Das führte zwischen ihm und mir in der Folge zu dem Ritual, dass er, wenn ein Mandant (und war er auch ein Deutscher) in aussichtsloser Lage nicht gestehen wollte, mich fragte, ob es nicht Zeit sei, dem Schützling „Arschloch auf Arabisch" zuzurufen. Der Ausdruck „Arschloch auf Arabisch" wurde dann zwischen uns die Chiffre für ein sinnvolles Geständnis.

Ein ähnlicher Fall, in dem es ebenfalls um Rauschgift ging, der aber nicht ganz die Größenordnung hatte wie der gerade geschilderte, ist es wert, in diesem Zusammenhang auch erzählt zu werden. Die Schwester eines arabischen Mandanten, eine etwa 25-jährige Studentin, die in unser westliches System völlig integriert schien, bat mich, die Verteidigung ihres Bruders zu übernehmen.

Von Anfang an wies sie mich darauf hin, dass es sich bei ihm um einen streng gläubigen Moslem handele und sie selbst oft große Schwierigkeiten habe, ihn wenigstens soweit auf den Boden des westlichen Systems zu bringen, dass er nicht überall anecke.

Nach einer Erörterung der Sach- und Rechtslage mit dem Vorsitzenden vor dem Prozess bot sich die Chance, zwei Jahre auf Bewährung zu bekommen, wenn ein Geständnis abgelegt würde und die Sache damit schnell ihre Erledigung finden könnte. Die Beweislage war erdrückend. Bei einer durchgeführten Hauptverhandlung war mit etwa dreieinhalb bis vier Jahre zu rechnen, so dass das Angebot auch hier recht verlockend war.

Ich machte dies dem Mandanten klar. Zu meiner Überraschung erklärte er sich sofort bereit, zu gestehen. Ich rief den Vorsitzenden an und teilte triumphierend mit, es sei mir gelungen, die Sache so zuzuschneiden, dass alle Zeugen, die für die Folgetage geladen worden waren, abgeladen werden könnten und wir statt der vorgesehenen vier Tage lediglich einen Morgen brauchen würden, um die Sache zu erledigen. Der Richter, der ebenfalls sehr mit Terminen belastet war, nahm dies erfreut zur Kenntnis und lud die Zeugen ab.

Als ich am Morgen des Sitzungstages den Saal betrat, rannte die Schwester des Mandanten ganz erregt auf mich zu und teilte mit, bei ihrem letzten Besuch vor zwei Tagen in der Haftanstalt habe ihr Bruder ihr klar gemacht, dass er nicht gestehen werde, er könne dies aus Glaubensgründen nicht und es sei ihm sei völlig gleichgültig, was mit ihm geschehe.

Ich war in einer fatalen Lage, weil ich dem Gericht bereits voreilig mitgeteilt hatte, dass alles nach Fahrplan verlaufen würde und jetzt stand ich wie ein begossener Pudel da. Ich ließ mir den Mandanten bringen. Den dann folgenden Dialog mit ihm bekam vor allem der die Aufsicht führende Wachtmeister mit, der mich in der Folge immer wieder auf dieses Ereignis ansprach. Der Mandant, der gut deutsch konnte, wurde von mir hart angegangen und ich sagte ihm eindeutig, dass er eine große Chance verspiele, wenn er bei seiner Haltung bleibe.

Der Mann wandte ein, er könne nicht gestehen, weil Ramadan sei, was mich zu der unfreundlichen Bemerkung verleitete, allein die Tatsache, dass er tagsüber nichts fresse, sei für mich kein Anlass, mir meinen Fahrplan kaputtmachen zu lassen. Als er dann mitteilte, dies sei nicht allein der Grund, der es ihm unmöglich mache, sich nach meinen Vorgaben zu richten, vielmehr habe Allah habe ihm befohlen, auf dieses Angebot nicht einzugehen, erwiderte ich ihm, er möge sich doch einmal im Raume umsehen und sagte: „Siehst Du hier irgendwo Wüste?" Er verneinte irritiert und ich sagte: „Wir sind hier in der Vorderpfalz und nicht in der Sahara und hier heißt es nicht Allah, sondern 'alla hopp' und wenn Du jetzt nicht gestehst, lege ich sofort das Mandat nieder und mir ist völlig egal, wenn das Gericht mir die Kosten aufbürdet."

Dieser pfälzische Ausbruch brachte den Mandanten dazu, völlig umzuschalten. Er sagte mir zu, alles zu machen, was sinnvoll sei und noch vor 12 Uhr mittags konnte er als freier Mann das Gericht verlassen.

Nun bin ich nicht so hart gesotten, dass ich mir nicht auch manchmal Gedanken darüber mache, ob für die Betroffenen der Umgang mit mir sehr schwierig ist. Wenn ich in meiner direkten Art versuche, das Beste aus einer Sache zu machen, tröste ich mich dann immer mit meinem Säulenheiligen Johann Wolfgang von Goethe, der zutreffenderweise und mich hier entschuldigend gesagt hat: „Wer sich im Recht fühlt, muss grob auftreten, ein höfliches Recht will gar nichts bedeuten."

Nach diesem Grundsatz habe ich mich schon oft gerichtet und werde mich auch in Zukunft weiter danach richten.

Krippiaden

Ich möchte einige Schlaglichter auf einen der orginellsten Richter im Landgerichtsbezirk Landau werfen, über den an anderer Stelle in diesem Buch bereits eine ihn kennzeichnende Geschichte erzählt wird: nämlich auf den berühmten Amtsrichter Dr. Rudolf Kripp. Er ist mir von Anfang meiner Laufbahn an immer wieder begegnet, weil er schon zu dem Zeitpunkt, als ich noch bei Rechtsanwalt Dr. Karl Kerscher Assessor war, im Amtsgericht Germersheim tätig gewesen ist.

Sein ganzes Richterleben lang war Dr. Kripp im Strafrecht tätig. Wenn es ein Beweismittel der Strafprozessordnung gibt, das durch ihn höhere Weihen bekommen hat, dann war es das des „Augenscheins". Denn dieser spielte bei ihm eine überragende Rolle, wenn es um hübsche Frauen ging. Dr. Kripp war weiblicher Schönheit hilflos ausgeliefert, und wenn man ein Exemplar dieser Spezies bei ihm zu verteidigen hatte, lief alles wie von selbst. Allerdings geriet man als Verteidiger dabei völlig in den Hintergrund, weil er sich ausschließlich mit der Mandantin beschäftigte. Ich kann mich an keinen Fall erinnern, in dem er nicht im Ergebnis ihrem Charme erlegen wäre.

Ich verteidigte einmal eine junge Frau, die auf einer Landstraße mit ihrem Auto plötzlich und ohne erkennbaren Grund vom geraden Weg abgekommen und in einen Graben gefahren war und beträchtlichen Flurschaden angerichtet hatte. Es wurde ihr vorgeworfen, die Geschwindigkeit überschritten zu haben und dadurch nicht mehr in der Lage gewesen zu sein, ihr Fahrzeug sicher zu führen.

Mir war von vornherein klar, dass es wieder einer dieser Fälle werden würde, wo mein Beitrag am guten Ergebnis völlig in den Hintergrund geraten würde. Denn Dr. Kripp beschäftigte sich mit dem Beweismittel „Augenschein" gerade in diesem Fall sehr exzessiv, bat die Mandantin mehrfach an den Richtertisch, um angeblich irgendwelche Skizzen einzusehen, nur um der Dame etwas näher zu sein. Natürlich beschäftigte er sich dann, wenn auch nur am Rande, kurz mit dem Fall und die Entscheidung wurde folgendermaßen vorbereitet:

Als meine Mandantin erklärte, sie habe den Wagen deshalb nicht mehr beherrscht, weil sie einem „Häslein ausgewichen" sei, verklärte sich der Blick des Richters geradezu und er äußerte: „Das ist aber schön, dass Sie auch wegen eines armen Häsleins

ausweichen." Hätte ein männlicher Angeklagter diese Ausrede gebraucht, sie wäre im Hohngelächter von Dr. Kripp untergegangen.

Er wandte sich an mich – und dies war der einzige Beitrag, den ich in dieser Sache zu leisten hatte – mit der Frage: „Herr Lütz-Binder, kennen Sie den Unterschied zwischen Hasen und Kaninchen?" Als ich verneinte, machte er mit seinen Händen Ohrenbewegungen und zeigte, dass gerade nach oben stehende Ohren für den Hasen kennzeichnend seien, während das Kaninchen, und er machte die entsprechende Handbewegung, herabhängende Ohren habe. Es kann auch umgekehrt gewesen sein. Jedenfalls machte er dieses pantomimische Spiel und ich bedankte mich artig für diese zoologisch Aufklärung.

Es folgte ein kurzes Resümee des Falls. Er sei der Auffassung, dass dem Mädchen nur ein höchst geringes Verschulden nachzuweisen sei, sagte Dr. Kripp und stellte die Sache kurzerhand ein. Die Mandantin wollte sich auf dem Gang wortreich bei mir bedanken, ich musste ihr aber bedeuten, dass sie dieses Ergebnis allein ihrem Dekolletee und nicht meinen Ausführungen zu verdanken hätte.

In die selbe Kategorie fällt ein Fall, wo ich selbst Betroffener war. Denn ich hatte mit meinem Wagen in Bellheim die Geschwindigkeit überschritten und wollte eigentlich den ergangenen Bußgeldbescheid akzeptieren. Dann aber beschloss ich, mich von meiner damaligen angestellten Rechtsanwältin Susanne Hoos verteidigen zu lassen. Wer die Dame kennt, der weiß, dass sie ebenfalls in die Kategorie weiblicher Schönheiten gehört, denen der Richter willenlos ausgeliefert war.

Ich betrat zusammen mit der Kollegin den Sitzungssaal und erntete zunächst folgende erstaunte Frage: „Sagen Sie bloß, Herr Lütz-Binder, Sie lassen sich heute von Frau Hoos verteidigen?" Ich bejahte dies und war für den weiteren Verlauf der Sache völlig abgemeldet.

Dr. Kripp bat die Kollegin an den Tisch, um wieder seinen berühmten „Augenschein" zu nehmen (ich hatte bei ihr auf eine entsprechende Kleidung – es war Hochsommer – hingewirkt) und fragte diese dann: „An sich ist er ja ein ganz lieber Kerl?" Meiner Angestellten blieb nichts anderes übrig, als dies vehement zu bejahen und bekam von dem dem „Augenschein" völlig verfallenen Richter die Antwort: „Es ist ja auch nicht weiter schlimm, was Ihr Chef da gemacht hat, wir stellen die Sache ein." Anschließend gingen wir zu dritt Kaffee trinken.

Der Herr Amtsrichter konnte aber auch anders. Ein Anwaltskollege – ich hatte seinen Fall am Rande mitbekommen und ihn davor gewarnt, sein Spiel weiter fortzutreiben und ihm nahegelegt, seinen Einspruch gegen einen maßvollen Strafbefehl zurückzunehmen – erfuhr seine ganze Härte.

Als der Kollege immer noch darauf bestand, unschuldig zu sein, fragte ihn Dr. Kripp nach seinem Einkommen. Soweit ich mich erinnere, war damals der Tagessatz bei ihm im Strafbefehl lediglich auf 100 DM festgesetzt. Nachdem der Richter ihn noch einmal auf die Möglichkeit hingewiesen hatte, den Einspruch zurückzunehmen und dies nicht geschah, verurteilte er ihn unter Beibehaltung der Tagessatzanzahl zu einem Tagessatz von 300 DM mit einer umwerfenden Begründung. Der Tagessatz habe erhöht werden müssen, denn er habe in Erfahrung bringen können, dass der Kollege im Bezirk seines Gerichts in der Lage sei, eine Jagd zu unterhalten, so dass ein Tagessatz von 100 DM geradezu lächerlich sei. Ich sehe noch den Kollegen, der sich interessanter Weise von seinem Juristen-Sohn verteidigen ließ, aus dem Gerichtssaal wanken.

Ein weiteres Highlight in der Zusammenarbeit mit Dr. Kripp war eine Sache, die mir deshalb bekannt geworden ist, weil ich etwas zu früh in den Sitzungssaal gekommen war und miterlebte, wie mein hoch geschätzter Kollege Rudolph König, der unbestrittenermaßen damals der Primus im Zivilrecht unter uns Anwälten war, ausnahmsweise in einer Strafsache auftrat. Und ich war deshalb natürlich gespannt, wie er plädieren würde.

Seine Ausführungen warfen bei mir die Frage auf, warum er nicht öfter im Strafrecht auftritt, weil er die höchst schwierigen Rechtsfragen geradezu brillant meisterte. Auch Dr. Kripp war beeindruckt. Bevor er sich zur Urteilsfindung zurückzog, richtete er an den Kollegen folgende Worte: „Das war ja sehr schön, Herr König, aber ich guck jetzt emol, ob ich net doch e Paragräfel fin, damit ich ihrn Mandant verurteilen kann."

Nach diesem goldenen Worten verschwand er und niemand wäre auf die Idee gekommen, wegen dieses Satzes Dr. Kripp abzulehnen, weil er einfach so war. Nach einer geschlagenen halben Stunde kam er zurück (ich war schon erbost, weil ich noch länger warten musste) und sprach den Mandanten des Kollegen mit der Begründung frei, er habe zwar lange gesucht, aber eben kein „Paragräfel" gefunden, um den Angeklagten verknacken zu können.

Bleibt zu berichten, dass der Amtsrichter einem Vorsitzenden Richter des Landgerichts Landau einmal große Mühe bereitete, der eine Berufung zu bearbeiten hatte, die aus Germersheim angefallen war. Dr. Kripp hatte in dem Protokoll der Sitzung nicht angekreuzt, ob er als Jugendrichter oder als normaler Strafrichter tätig geworden war. Davon hing die Zuständigkeit der Berufungskammer ab. Die Rückfrage des Berufungsrichters, Dr. Kripp möge mitteilen, ob er als Jugend- oder als Strafrichter gewirkt habe, beantwortete er schriftlich lapidar so: „Diese Frage hat das Gericht bei seiner Entscheidung nicht bewegt." Der Berufungsrichter war also so nass wie vorher.

Mein alter Lehrmeister Dr. Kerscher war ein Mann, der, wenn es sein musste, sehr laut werden konnte (ich habe einiges von ihm auch in diesem Bereich übernommen). Aber manchmal war er derart laut, dass Dr. Kripp sich mehrfach auch bei mir beschwerte, er könne es einfach nicht mehr aushalten, wenn der Kollege so lautstark plädiere. Das laufe in manchen Fällen auf Körperverletzung hinaus.

Eines Tages teilte Dr. Kripp mir vor einer Sitzung mit, ihn könne das Geschrei von Dr. Kerscher nicht mehr berühren, weil er jetzt Gott sei Dank so schwerhörig sei, dass er ein Hörgerät benötige, und wenn es ihm zuviel werde (er machte eine entsprechende Handbewegung), könne er den Anwalt einfach, wie er sich ausdrückte, „abdrehen". Ich habe in der Folge bei meinen Plädoyers immer gebannt auf ihn geachtet, wenn er die Hand zum Ohr führte, ob er mich abdreht. Dann dann wäre rechtliches Gehör jedenfalls bei diesem Richter nicht mehr gewährleistet gewesen.

All die Geschichten, die ich über Dr. Kripp erzähle, sollen aber nicht den Eindruck erwecken, dieser Richter wäre willkürlich gewesen. In allen Entscheidungen, die ich von ihm erhalten habe – und die Kollegen werden mir Recht geben müssen –, war der Gerechtigkeit, soweit dies auf Erden möglich ist, Genüge getan.

Dr. Kripp hat als Richter Bagatellen als solche behandelt, und dort, wo es wirklich ernst wurde, war er auch derjenige, der sich für die Herstellung des Rechtsfriedens durch eine entsprechende Strafe einsetzte. Er war vielleicht theoretisch nicht das, was man einen großen Juristen nennt, er war aber menschlich das, was einen Richter ausmachen sollte: Ein Mann mit Waage und Schwert zu sein und vor allem ausgestattet mit der Fähigkeit, unterscheiden zu können, wo er welches Attribut seines Amtes einzusetzen hat.

Zum Schluss: Dr. Kripp war leidenschaftlicher Angler. Wenn man ihn in seiner eigenen Welt erreichen wollte, musste man bei Bagatellsachen, um eine Einstellung zu bekommen, nur ausführen: „Herr Dr. Kripp, hier handelt es sich doch um einen kleinen Fisch, werfen wir den wieder ins Wasser." Manchem Mandanten ist ein Stein vom Herzen geplumpst, wenn der Richter – bildlich gesprochen – ihn wieder ins Wasser geworfen hat.

Ich habe das Gefühl, dass diese Art von Richter ausstirbt. Ich hoffe aber, dass wir in Zukunft nicht nur glatten Technokraten ausgeliefert sein werden, sondern sich ab und zu auch wieder ein Fels in der juristischen Brandung zeigt, an dem sich die Wellen der Mittelmäßigkeit brechen.

Frühe Frechheiten

Wenn ich, wie in meinem Vorwort „Ausrede" angekündigt, mein Leben nicht linear aufrolle, sondern vertikal in die Tiefe grabe, ist es unausweichlich, auch an die Schulzeit zu denken und diesem wesentlichen Abschnitt eines Lebens etwas Raum zu geben. Dies deshalb, weil sich – das ist meine Ansicht – schon früh ankündigt, was im Grunde im späteren Leben als Beruf aussichtsreich sein könnte. Das Beobachten eigener Fähigkeiten, soweit vorhanden, erleichtert dann die Suche nach einer auskömmlichen Beschäftigung sehr.

Nun war bei mir früh erkennbar, dass ich mich in einen Beruf begeben musste, in dem das Rhetorische im Vordergrund stehen würde.
Es kamen im Grunde deshalb nur vier Berufe in Frage. 1. Schauspieler (dieser Beruf schied deshalb aus, weil ich nicht schön genug war, um ihn in der Jugend auszufüllen und ich wohl verhungert wäre, bis ich mit 60 das Charakterfach erreicht hätte). 2. Journalist (der Beruf erschien mir schon damals etwas zu unsicher). 3. Pfarrer (hier wird ein Minimum an Glauben vorausgesetzt und so zynisch, Waren zu verkaufen, die ich nicht im Geschäft hatte, war ich schon damals nicht). 4. Anwalt (der Job versprach mir schon deshalb Spannung, weil er einen ständigen Wechsel der Perspektiven vorsieht, einmal auf dieser Seite, einmal auf der anderen, dann noch in gleich gelagerten Fällen und an das rhetorische Element – wenn man es, wie bei den Sophisten, als die Fähigkeit versteht, die schwächere Sache zur stärkeren zu machen – die größten Ansprüche stellt).

Schon in der Schulzeit hatte ich die Gabe, Lehrer lächerlich zu machen und sie von Übergriffen auf wehrlose Mitschüler erfolgreich abzuhalten, indem ich sie gezielt auf mich lenkte. Ich will aus dieser Zeit einige Beispiele aufführen, die zeigen, wie ich dies handhabe. Ein alter Schulfreund, der später als Bildhauer und Professor zu hohen Ehren gekommen ist und der sich in der Schule, weil er eben schon damals nur dem Künstlerischen verpflichtet war, als ziemlich wehrlos erwies, hat mir einmal bestätigt, ich hätte damals so gewirkt wie die Protagonisten eines Stierkampfs, die den Stier, wenn es für den Matador gefährlich wird, mit dem Winken von roten Tüchern von diesem wegziehen, um ihn zu schützen. Ein schönes Bild, an das ich immer noch gerne denke. Mit Witz, an der richtigen Stelle plaziert, konnten viele Situationen gemeistert werden.

Wir hatten einen Biologielehrer, der die etwas merkwürdige Angewohnheit hatte, seine Notengebung so vorzunehmen, dass er eine Hypothese in den Raum stellte, jeden einzelnen nach seiner Meinung fragte, nach jeder Antwort die entsprechende Note notierte, aber am Schluss nicht zu erkennen gab, was nun die richtige Antwort war. Ein etwas unfaires Verfahren, wie ich meine.

Eines Tages stellte er folgende Frage: „Warum regnet es am Nordrand der Sahara im Frühling und am Südrand nicht?" Nachdem schon viele meiner Mitschüler mehr oder minder nebulöse Äußerungen von sich gegeben hatten, die jeweils mit einem Stirnrunzeln des Lehrers aufgenommen worden waren und dann zu dem unbekannten Notat im Notenbuch führten, kam die Reihe an mich. Ich ging in die Offensive und bot folgende Antwort an: „Dies ist eine einfache Frage, denn es liegt daran, dass das Klima anders ist." Der Lehrer stutzte und sagte dann: „Sie Schlauberger, und woran sehen Sie, dass das Klima anders ist?" Ich erwiderte: „Einfach an der Tatsache, dass es am Nordrand der Sahara im Frühling regnet und am Südrand nicht." Der Lehrer stutzte, schlug sein Buch zu, gab mir keine Note und fragte mich ein halbes Jahr nicht mehr ab und gab mir durchgehend ein „befriedigend".

Die berühmten Besinnungsaufsätze aus dem Deutsch-Unterricht verfolgen mich heute noch manchmal nachts: „Soll ich in mein Zimmer einen Teppich legen oder nicht?" – „Halten Sie Haustiere für wünschenswert?" Solcher und ähnlicher Unsinn ging mir in der Oberstufe derart auf die Nerven, dass ich bei unserer Deutschlehrerin, die mir sehr gewogen war, einen Aufsatz über das Thema „Kann man einen Menschen zu etwas zwingen?" formal erledigte, indem ich mich zunächst in Einleitung und Hauptteil völlig schülerkonform verhielt und mit gespielter Ernsthaftigkeit das Für und Wider abwog, dann aber den Schluss ganz anders gestaltete. Was ich zu Papier brachte, kann ich noch wörtlich zitieren, zumindest ist der Sinngehalt getroffen, denn die Erinnerung kleidet sich oft in prächtigere Gewänder: „Dieser Aufsatz soll als rein formales Experiment verstanden werden, denn dass man einen Menschen zu etwas zwingen kann, zeigt allein seine Existenz."

Es gab einen kleinen Aufstand, der sich aber bald legte. Die Lehrerin wich in die mir immer wieder entgegengehaltene Bemerkung aus: „Sie sollen vernünftige Aufsätze schreiben und nicht ständig Thomas Mann parodieren." Sie war, um es so zu sagen, Schiller verfallen und traktierte uns vor allem mit seinen Balladen, bis ich (heute tue ich Schiller Abbitte) ihr gegenüber äußerte: „Frau Doktor, warum denn immer Schiller? Seine Balladen sind nichts anderes als gereimte Leitartikel (hinter diesem Verdikt stehe ich heute noch) und haben mit Lyrik gar nichts zu tun." Sie war einen Moment verblüfft, sah mich an und sagte: „Was verstehen Sie denn unter Lyrik?" Und ich zitierte: „Füllest wieder Busch und Tal still mit Nebelglanz, lösest endlich auch einmal meine Seele ganz." Diese wunderbare Frau sah mich an und sagte: „Ich gebe mich geschlagen."

Über unseren Französischlehrer, den berühmten Anton Pfeiffer, könnte man ein eigenes Buch schreiben. In der Oberprima nannte er einen leider inzwischen gestorbenen engen Schulfreund Becker, obwohl der eigentlich Bauer hieß. Das kam so: Der Lehrer hörte ihn einmal ab und rief in die Klasse: „Und jetzt kommt der Becker dran." Mein Freund stand auf und sagte: „Herr Professor, ich heiße nicht Becker, ich heiße Bauer." Er bekam die Antwort: „Wenn ich Becker rufe, heißt das Bauer." Ab diesem Zeitpunkt war Bauer unwiderruflich der Becker.

Mit diesem Schulfreund war ich in Kärnten am Wörthersee. Wir hatten damals die Angewohnheit, schon morgens gegen 10.30 Uhr die ersten Biere zu uns zu nehmen und in einer solchen Frühschoppenlaune kam Becker auf die Idee, eine Ansichtskarte an diesen Lehrer zu senden. Er kaufte eine Karte und setzte die Adresse ein: An Herrn Professor Anton Pfeiffer, Humanistisches Gymnasium Neustadt an der Weinstraße, Lehrerzimmer. Dann schob er mir die Karte über den Tisch und sagte: „Und Du machst jetzt den Text." Der Text, der mir einen Verweis eintrug, lautete: „Sehr geehrter Herr Professor, dank Ihres ausgezeichneten Französisch-Unterrichts können wir uns hier in Österreich mühelos verständigen. Mit freundlichen Urlaubsgrüßen." Es gab einen mittleren Aufstand im Lehrerzimmer.

Nach diesen Skizzen aus der Neustadter Zeit will ich auch meine Internatszeit nicht vergessen. In einem katholischen Internat der Sorte, wie sie jetzt in schweren Misskredit geraten sind, habe ich sehr viel gelernt. Missbrauchsattacken war ich nicht ausgeliefert, wohl einfach deshalb, weil ich als junger Mensch zu unattraktiv gewesen sein dürfte. Jedenfalls ist eine Geschichte es wert, erzählt zu werden, nämlich die, wie ich aus dem Internat rausgeflogen bin und zwar – und dies schlägt den Bogen zu dem, was ich in diesem Kapitel verdeutlichen will – aus einer rhetorischen Frechheit heraus, die mit Mut nichts zu tun hatte, sondern die ich einfach nicht unterdrücken konnte.

Wir hatten damals einen Religionslehrer, der Pfarrer war und den ich mit der protestantischen Bezeichnung „Herr Vikar" belästigte, obwohl er ständig darauf hinwies, er sei, da katholisch, ein Kaplan. Das Verhältnis zwischen uns war also schon gespannt. Beim Abendgebet, das wir in einer großen Diele absolvierten, war die Regel, dass Schüler der unteren Klassen einen Schulkameraden aus einer der oberen Klassen beim Nachtgebet auf beiden Seiten stützen mussten, weil er schon damals dem Trunke sehr zugetan war und manchmal abends nicht mehr in der Lage, aufrecht am Gebet teilzunehmen. Ein Mitschüler übrigens, der später Schauspieler geworden ist und der in dem Film „Der Frosch mit der Maske" eine Hauptrolle gespielt hat.

Da dieser Schüler sehr schwer war und ich an diesem Abend wohl nicht im Besitz meiner vollen körperlichen Kräfte, musste ich einen Ausfallschritt machen, um zu verhindern, dass der Kamerad hinfiel. Das fiel dem Lehrer sofort auf, er unterbrach das Nachtgebet und herrschte mich an: „Stell Dich richtig hin, wenn Du betest." Von mir erntete er folgende, meine Schulzeit im Internat beendende Antwort: „Herr Vikar, Sie haben sich heute Morgen im Religionsunterricht sehr viel Mühe gegeben, uns klar zu machen, dass Beten heißt, mit Gott zu sprechen. Wenn es also hier jemanden etwas angeht, wie ich dastehe, dann den lieben Gott und nicht Sie".

Gaudeamus igitur

Als ich im Jahre 1962, einen Monat nach dem Abitur, im Mai mein Studium in Bonn aufnahm, hatte ich zwar den ernsthaften Willen, die Sache so schnell wie möglich hinter mich zu bringen. Allerdings bestand von vornherein auch die Absicht, mich über den juristischen Zaun hinaus in der akademischen Welt umzusehen.

Wenn ich heute auf meine Studienorte Bonn, Tübingen und Freiburg zurückblicke und mir vergegenwärtige, welche Professoren mir an diesen drei Orten begegnet sind, dann kommt es mir vor – um einen fußballerischen Vergleich zu bemühen – , als hätte ich das Glück gehabt, jeweils für eine Saison Dauerkarten bei Inter Mailand, FC Barcelona und Real Madrid gehabt zu haben.

In Bonn kümmerte ich mich vor allem zunächst um Kunstgeschichte, weil der Ordinarius Professor Lützeler in Fachkreisen vor allem wegen seines tiefgründigen Humors berühmt war. Ich hörte auch den bekannten Germanisten Benno von Wiese, von dem ich erst später erfuhr, dass er ein Studienfreund von Hannah Arendt gewesen ist. Lützeler brachte mit seinen Vorlesungen den Saal meist in eine gehobene Stimmung, weil er vor geistreichen Scherzen geradezu sprühte. Mit in mein Leben habe ich die Geschichte von der Fronleichnams-Prozession in Köln genommen, weil sie das rheinische Temperament so unnachahmlich beleuchtet – eine Geschichte, die auch den so gründlich gepflegten Unterschied zwischen Köln und Düsseldorf deutlich macht.

In Köln ist Fronleichnams-Prozession mit allem Prunk (wir befinden uns in den späten 50er Jahren): Weiß gekleidete Mädchen mit Blumenkörbchen um den zarten Hals streuten Blütenblätter auf die Straße. Am Rande beobachteten dies zwei stockprotestantische Damen aus Düsseldorf. Als die Mädchen an ihnen vorbeigingen, sagte die eine zur anderen begeistert: „Schau mal, Mathilde, diese süßen weiß gekleideten Mädchen." Dieser Ausspruch veranlasste eines der Kinder, aus der Reihe auszuscheren, sich zu den Damen zu begeben, um klipp und klar richtig zu stellen: „Wir sind doch Engelscher, du Arschloch." Solche und ähnliche rheinische Geschichten haben mir die Vorlesung bei diesem Professor zur Pflicht gemacht und nebenbei fiel auch etwas Kunstgeschichte ab.

Es folgte eine Zeit in Freiburg, im Übrigen die mir liebste Universitätsstadt, was sich auch darin ausdrückte, dass ich nach meinem Ausflug nach Tübingen wieder nach Freiburg zurückkehrte und auch dort Examen gemacht habe. In Freiburg gab es ebenfalls viele beeindruckende Professoren und einer davon war der alte Böhmer, in Fachkreisen berühmt-berüchtigt. Er war schon über 80 Jahre alt war und hielt immer noch Vorlesungen. Ganze Generationen von Jura-Studenten hörten seine Ausführungen über „Schuld und Haftung", die auch mich tief beeindruckten.

Er war ein Professor alten Schlages, und als der damalige Senatspräsident Schrade vom Oberlandesgericht Karlsruhe (Außensenat Freiburg), bei dem ich später Sachenrecht gehört habe, zum Ordinarius ernannt worden war, erschien Böhmer morgens in der Vorlesung und sagte: „Habt ihr gelesen, den Schrade haben sie zum Professor gemacht. Jetzt nehmen sie die Leute schon von der Straße." Von ihm wurde auch berichtet, dass er in früheren Zeiten eine Vorlesung nicht begonnen habe, wenn er im Auditorium ein weibliches Wesen erblickte. Denn es war für ihn lange Zeit völlig unverständlich, dass Frauen sich der Jurisprudenz widmen konnten.

Den jungen Professor Horst Ehmke, den späteren Kanzleramtsminister, habe ich ebenfalls in Freiburg erleben dürfen. Er hielt spannende und geradezu hinreißende Vorlesungen. Er ist mir in Erinnerung geblieben, weil er einen unvergleichlichen Auftritt mit einer entzückenden jungen Kommilitonin hinlegte, den ich nie vergessen werde. Die Studentin hatte sich völlig heißgeredet bei Herausgabe einer Klausur, weil sie anderer Meinung war, als es die Musterlösung vorsah. Sie verteidigte ihre Thesen nicht ungeschickt gegenüber Ehmke, der ihr immer wieder klar zu machen versuchte, dass sie nicht Recht habe. Auf dem Höhepunkt der Auseinandersetzung rief die junge Dame, die ich noch plastisch vor mir sehe: „Aber das ist doch unrichtig, Herr Ehmke..." Der Professor trat souverän an die Rampe und sagte: „Gnädiges Fräulein, ich heiße Horst."

Dann schließlich Tübingen, das ich neben den dort lehrenden juristischen Kapazitäten einzig und allein wegen Ernst Bloch aufgesucht habe, dessen Vorlesung „Hegel und Schopenhauer" für mich das entscheidende akademische Erlebnis war, von dem ich bis an mein Lebensende zehren werde.

Die Vorlesung fand freitags von 16 bis 18 Uhr im Auditorium Maximum statt. Obwohl der Freitag der Abreisetag vieler Studenten in die nahe gelegenen Heimatorte war, erlebte diese Vorlesung von Anfang an einen so starken Besuch, dass man Mühe hatte, einen Platz zu bekommen. Bloch, der in einem Sessel eher liegend als sitzend ohne jedes Manuskript dozierte (jedes seiner Worte wurde von eifrigen Assistenten auf Band aufgenommen), hatte als gebürtiger Ludwigshafener noch im späten Alter eine deutliche pfälzische Einfärbung in seiner Aussprache. Ihm verdanke ich unauslöschlich den Unterschied zwischen traurig und tragisch.

Nachdem Bloch zunächst aus der Literatur anführte, dass es sich bei „Antigone" um eine Tragödie handele, weil sich die Heldin dieses Stückes gegen ihr Schicksal wehre, während „Maria Stuart", die sich wie ein Opferlamm zur Schlachtbank führen lasse, ein Trauerspiel sei, fasste er diesen Unterschied in ein unvergessliches Beispiel: „Meine Damen und Herren, da steht in der Zeitung, unser lieber Willi ist einem tragischen Verkehrsunfall zum Opfer gefallen. Der liebe Willi hatte 2,3 Promille und ist mit seinem Auto an einen Baum gefahren, das ist traurig, ich stehe nicht an zu sagen, das ist tieftraurig, aber beileibe nicht tragisch." Wer dies gehört hat, wird den Unterschied zwischen traurig und tragisch niemals verwischen können.

Ein weiteres Beispiel seiner Eloquenz: Bloch illustrierte den Satz von Marx, dass es die gesellschaftlichen Gegebenheiten seien, die sich den kulturellen Überbau schaffen, folgendermaßen unvergleichlich: „Wie kommt es, dass nach der Fuge plötzlich die Sinfonie in der Musikgeschichte auftaucht. Die Fuge ist die Musik des Ständestaates, die Sinfonie die des freien Unternehmertums." Selbst wenn es nicht stimmen sollte, was er versucht hat, uns klar zu machen, dieses Beispiel ist jenseits seines Wahrheitsgehalts einfach umwerfend.

Schließlich gab es auch berühmte Juristen in Tübingen, darunter Horst Schröder. Er war Strafrechtler und ich habe bei ihm einen Klausurenkurs besucht, der höchste Anforderungen stellte. Er war darüber hinaus ein Sportsmann, der vor allem gern schwamm. Im Übrigen kam er immer mit dem Porsche zur Vorlesung, den er oft neben dem Alfa Romeo von Professor Küng parkte (das Fahrrad von Papst Benedikt ist mir damals weniger aufgefallen). Leider ist Schröder sehr früh bei einem Unglück ums Leben gekommen. Er ertrank in Italien beim Schwimmen.

Die Sache soll sich so zugetragen haben: Schröder hielt einen Kurs mit Studenten in den Semesterferien in Italien ab. Um das Folgende verstehen zu können, muss darauf hingewiesen werden, dass es in der Strafrechtslehre geradezu kein Problem gab, bei dem der Herr Professor nicht anderer Meinung war. Bei vielen juristischen Darstellungen tauchte immer wieder das Kürzel auf a. A., also: anderer Ansicht, Schröder.

Schröder soll, so die Fama, an einem Strand ins Wasser gegangen sein, an dem ein Schild stand: „Hier nicht schwimmen, lebensgefährlich." Dort ist er tödlich verunglückt. Die Legende behauptet weiter, dass am anderen Tag mit Filzstift auf dem Schild der Vermerk angebracht war: „Anderer Ansicht, Schröder."

Ich glaube, dem Professor hätte dieser Scherz gefallen.

Die Versuchung der Politik

Bei der Aufzählung der Professionen, die aufgrund meiner Einsicht, dass ich mit einem Beruf, der vor allem auf dem Rhetorischen fußt, mein Geld verdienen sollte, habe ich bewusst ausgelassen, dass diese Befähigung natürlich auch die Politik als Betätigungsfeld hätte eröffnen können. Denn ich war schon als Schüler politisch sehr interessiert. Ich erinnere mich noch gut daran, dass wir damals im Internat bei der Frage der Wiederbewaffnung der Bundesrepublik Debatten darüber geführt hatten, ob dies richtig oder falsch sei und zwar in der Form, dass wir eine regelrechte Plenarsitzung mit unserem Lehrer nachgespielt haben. Damals hieß das Fach Gemeinschaftskunde.

Ich hatte, wieder typisch Widerspruchsgeist, den Part übernommen, gegen die Wiederbewaffnung zu argumentieren und fuhr mir eine gewaltige Wahlniederlage ein. Denn außer mir hatten sich nur etwa vier oder fünf Mitschüler bereitgefunden, meiner Argumentation zu folgen. Ähnlich ist es ja dann auch in der großen Politik gelaufen.

Die Lust am Debattieren war natürlich immer vorhanden und ich muss heute im Rückblick gestehen, dass die Versuchung, in die Politik zu gehen, zu gewissen Zeiten doch ziemlich groß gewesen ist. Später dann, beim Studium in Bonn, gehörte ich dem Sozialdemokratischen Hochschulbund an und hatte regen Austausch mit den Politikern in der damaligen „SPD-Baracke", was mir die persönliche Bekanntschaft mit Herbert Wehner, Carlo Schmid, Fritz Erler und anderen Politgrößen einbrachte.

Ich wage noch heute die Behauptung, weil ich es am eigenen Leibe verspürt habe: Wenn Herbert Wehner in die Runde trat, sank die Temperatur um mindestens drei Grad. Er war unerbittlich, und was er gar nicht leiden konnte, waren Akademiker und schon gar nicht die Burschen, die auf dem Weg dahin waren.

Eine Berührung mit dem Politischen fand also auch in Bonn statt, das damals noch Hauptstadt war. Sehr in die Richtung Politik drängte mich mein akademischer Lehrer in Freiburg, Prof. Horst Ehmke, der ein großartiger Staatsrechtler war und in mir auch die Lust weckte, politisch tätig zu sein.

FURIOSO
Rinforzando
FURIOSO
Mozart
Mozart
moderato
Armin Hott

Nach dem Examen ging ich zurück nach Neustadt und trat der SPD bei, der ich heute noch angehöre und mir den flotten Spruch ermöglicht, dass ich nunmehr zwei „kriminellen Vereinigungen" angehöre, nämlich der Katholischen Kirche und der Sozialdemokratischen Partei.

Was mich am Politischen reizte, dies wird mir heute immer mehr klar, war die geistige Auseinandersetzung um den besten Weg, nicht unbedingt das Umsetzen einmal geschlossener Beschlüsse, weil ich schon früh merkte, dass sich gerade dieser Tätigkeit erhebliche Widerstände entgegenstellten. Es wurde mir nämlich sehr schnell deutlich, dass politische Führung, bei der es einem nicht gelingt, zum Beispiel die Mitarbeiter eines Ministeriums mitzunehmen, im luftleeren Raum stattfindet. Letztlich habe ich immer an das Beispiel gedacht, in dem ein begeisterter Konzertbesucher in Berlin ein Mitglied der Berliner Philharmoniker auf der Straße trifft und diesen interessiert fragt: „Ihr habt ja einen neuen Dirigenten bekommen, was hat denn der heute bei der Probe dirigiert?" Die Antwort des guten Musikers lautete: „Was er dirigiert hat, weiß ich nicht, wir haben jedenfalls Mozart gespielt."

So ähnlich kann es einem in der Politik an führender Stelle ergehen, dass man Richard Wagner geben will und die Leute, die mitzunehmen sind, aus alter Gewohnheit Mozart weiterspielen. Letztlich, auch dies ein Beispiel, das ich nicht unterdrücken will, ist die Leitung einer großen Behörde ähnlich schwierig wie die Verlagerung des Zentralfriedhofes, weil die Mitarbeit von unten fehlt.

Ich glaube, mit diesen Beispielen klar gemacht zu haben, dass aus rein praktischen Gründen der Durchsetzbarkeit meine durchaus vorhandene Lust, aktiv am politischen Leben teilzunehmen, sich ziemlich schnell verflüchtigte. Letztlich hat ein Vorfall in einer Ortsvereinssitzung in Neustadt den Ausschlag gegeben, mich in dieses Getümmel schon gar nicht zu begeben.

Man war im Ortsverein ziemlich angetan davon, dass ein Rechtsreferendar in die Partei eingetreten war (damals waren in der Tat noch andere Zeiten), und da die Kommunalwahl anstand, wollte ein Teil der Genossen mich sofort als Kandidaten für den Stadtrat aufstellen. Die Debatte darüber, ob ich antreten sollte oder nicht, führte zu einer Spaltung der Genossen, deren einer Teil mich wegen meiner unbekümmerten Frechheit unbedingt im Rat sehen wollte, während der andere Teil mich voll Abscheu als einen Seiteneinsteiger behandelte, der mit Sicherheit nichts werden sollte.

Nach erregter Debatte stellte ein Parteifreund die damals noch entscheidende Frage: „Genosse, hast Du schon einmal für die Partei Plakate geklebt?" Alle Blicke richteten sich auf mich und ich erwiderte: „Genosse, ich habe noch nie Plakate geklebt und ich werde dies auch in Zukunft nicht tun, denn im Gegensatz zu Dir wäre es schade, wenn ich von der Leiter fallen würde."

So war ich schneller aus dem politischen Geschehen wie eine Faust, wenn man die Hand aufmacht. Meine Frau schwört noch heute, ich sei an diesem Tag nach Hause gekommen und hätte leichthin geäußert: „Doris, das Berufsziel Bundeskanzler ist ab heute gestrichen."

Noch heute bin ich der festen Überzeugung, dass das nicht nur für mich, sondern auch für unser Staatswesen von Vorteil gewesen ist. Und so endete meine politische Laufbahn, noch ehe sie begonnen hatte.

Als Lehrling Justitias

Im Rückblick auf mein bisheriges Leben sehe ich die Zeit des Referendariats als meine schönste Zeit an. Dies deshalb, weil man damals noch ohne jede wirklich bedrückende berufliche Bürde war, sich dreieinhalb Jahre auf den Beruf vorbereiten konnte und in dieser Zeit, wenn ich es mit den Referendaren von heute vergleiche, sehr ungebunden und im Grunde in einer Art Fortsetzung des Studiums begriffen war.

Nun beginnt jedes Referendariat damit, dass man zunächst das erste Staatsexamen besteht und dieses fand bei mir mit der mündlichen Prüfung (das Datum ist leicht zu merken) am 6. Dezember 1966 statt und ist mir deshalb vor allem in Erinnerung – außer der nicht unbedeutenden Tatsache, dass ich es bestanden habe –, weil die gesamte mündliche Prüfung unter einem sehr glücklichen Stern stand, der allerdings nicht meiner Geistesgegenwart zu verdanken war, sondern der eines Kollegen.

Es war damals üblich, dass man zu dritt in der mündlichen Prüfung saß. Zu meiner Rechten war der Kandidat von Schwerin platziert, dessen Großvater ein berühmter Professor des Römischen Rechtes gewesen ist und dessen Porträt im Rechtshistorischen Seminar der Universität Freiburg an exponierter Stelle hing.

Professor Horst Ehmke begann die Prüfung mit einer Frage an von Schwerin, dessen Antwort so gut war, dass sie sich über die gesamte Prüfung legte und alles weitere in ein fast heiteres Licht tauchte. Ehmke fragte ihn nämlich: „Warum, Herr von Schwerin, haben Sie eigentlich ausgerechnet Jura studiert?" Wie aus der Pistole geschossen antwortete der Kandidat: „Herr Professor, in unserer Familie gibt es seit Jahrhunderten nur zwei Berufe, nämlich den des Mediziners und den des Juristen und da ich kein Blut sehen kann, bin ich Jurist geworden."

Diese Äußerung wurde von Prüfern und Prüflingen mit einem befreienden Lachen quittiert und dieses Gelächter hallte unterschwellig in der ganzen Prüfung fort, so dass die gesamte Angelegenheit sich sehr entspannt darstellte. Dass wir den Kollegen von Schwerin später unter Bier gesetzt haben, versteht sich von selbst.

Meine Referendarzeit begann ich dann in Neustadt an der Weinstraße. Es gäbe viele Anekdoten aus dieser Zeit zu erzählen, ich will mich aber auf einige wenige Aspekte beschränken.

Nach der amtsgerichtlichen Station, die sozusagen zur Eingewöhnung dient, kam man ans Landgericht, bei mir schon das Landauer, wo dann der Ernst des Referendarlebens begann. Man musste Urteilsentwürfe schreiben und sogenannte Relationen, das heißt Gutachten zur Vorbereitung der anstehenden Urteile fertigen.

Mein damaliger Ausbilder, seinen Namen will ich hier verschweigen, war mit mir ausgesprochen unzufrieden, weil ich ihm wahrscheinlich etwas zu unabhängig daherkam und weil er bei meinen Urteilsentwürfen vermisste, dass ich Literatur zitierte: Also diese als Wissenschaft verbrämte Kunst, mit Fußnoten glänzen zu wollen und strikt zu vermeiden, in einem Urteil einen eigenen Satz zu verwenden, sondern jede Passage durch eine juristische Autorität abzustützen.

Diese Fußnoterei war mir schon im Studium zuwider und ich hatte nicht die Absicht, mich als Referendar zu ändern, so dass ich einfach meinen Stiefel fortsetzte, was den Ausbilder immer mehr verärgerte. Er hat sich dann auch später einmal beim damaligen Präsidenten des Landgerichts über mich beschwert und mir versichert, mit mir würde er nie mehr etwas anfangen. Der Präsident hatte ihm nämlich bedeutet: „Meine Tochter hat mit Lütz-Binder das Tanzkränzchen gemacht, der Bursche ist etwas eigenartig, lassen Sie den in Ruhe." Dies war natürlich für die Zukunft ein guter Schutzschild.

Eines Tages, ich war finster entschlossen, einen Gag zu landen, kam ich ins Zimmer meines Ausbilders, um ein Urteil abzugeben. Da zwei weitere Richter anwesend waren, meinte ich, dass jetzt der Zeitpunkt gekommen sei, zu einem Schlag auszuholen. Ich übergab heimtückisch mein Manuskript und fügte hinzu: „Herr ..., heute werden Sie sich freuen, ich habe bereits im Tatbestand (ein Urteil besteht aus dem Tatbestand, in dem der Fall geschildert wird und den Gründen) Zitate verwendet." Der Tatbestand benötigt natürlich keine Zitate und deshalb sah mich der Richter überrascht an und in diese Verblüffung hinein sagte ich: „Etwa in der Art 'Der Apfel fiel vom Tisch', Fallgesetze Newton." Bevor er einen Ausbruch an den Mann bringen konnte, hatte ich die Tür zugeschlagen.

Allerdings muss ich gestehen, dass dieser Richter in der dann folgenden Zeit sich in eleganter Form revanchiert hat. Mir wurde nämlich von einem anderen Mitglied des Landgerichts eine Akte überlassen, in der ich im Familienrecht einen Beschluss fertigen sollte. Die Sache war ausgesprochen schwierig und ich habe mich längere Zeit damit befassen müssen, kam dann aber zu einem Ergebnis, das – ich nehme es vorweg – im Grunde richtig war.

Als ich die Arbeit abgab und das Zimmer dieses Richters betrat, war mein vormaliger Ausbilder mit anwesend, was mir hätte zu denken geben müssen. Der Richter überflog meine Ausfertigung und sagte zu mir: „Gehen Sie bitte in die Bibliothek und schlagen Sie die Familienrechtszeitung 1965, Seite 33, auf." Ich ging in die Bibliothek und mir schwante, was jetzt auf mich zukommen würde, denn an der Fundstelle fand ich folgendes: Beschluss des Landgerichts Landau, mitgeteilt von ... und es folgte der Name meines Ausbilders. Er wollte mir damit wohl zeigen, dass die Beschäftigung mit Literatur durchaus arbeitssparend sein könnte, denn ich hätte einfach den Beschluss abschreiben müssen und mir damit viel Mühe erspart.

Allerdings war ich schon damals kein Mann, der sich leicht geschlagen gibt. Ich begab mich ins Zimmer der beiden Herren, die mich im Grunde, wenn das Bild nicht für Richter etwas unangemessen ist, feixend erwarteten und sagte in ihre Fröhlichkeit hinein: „Dies war ein Volltreffer, meine Herren, aber ich wollte hier eigentlich zum Juristen und nicht zum Detektiv ausgebildet werden." Ich verließ - wie ich meine - mit einem respektablen Unentschieden das Zimmer.

Nach meiner Zeit in der Verwaltungshochschule in Speyer, die ebenfalls ein deutlicher Rückfall ins Studentenleben darstellte, war ich dann bei der Stadtverwaltung in Neustadt als Referendar beim Rechtsamt tätig. Damals gab es einen Fall, der wohl Generationen von Referendaren beschäftigt hat (ähnlich dem Fall der Bad Dürkheimer Gondelbahn, der die Referendare der Bezirksregierung jahrzehntelang nervte), in dem es darum ging, dass ein bedeutender Neustadter Bürger, der eine wertvolle Sammlung von Ost-Asiatika angehäuft und in seinem Testament verfügt hatte, dass diese in den Besitz der Stadt übergehen sollte. Allerdings, so war im notariellen Testament vermerkt, gegen die Gegenleistung, seine Grabstätte „auf ewige Zeiten" zu pflegen.

Mir war zunächst nicht klar, was an dieser Sache besonders schwierig sein sollte, bis ich darauf kam, dass alle meine Vorgänger Bedenken gezeigt hatten, ob die Gegenleistung erfüllt werden könnte. Denn der Begriff „ewige Zeiten" machte erhebliche juristische Schwierigkeiten.

Als ich das Problem durchdacht hatte, war bei mir nicht die geringste Lust gegeben, diesen Fall ernsthaft zu behandeln. Und ich habe mir dann erlaubt, ihn auf eine Weise zu lösen, die mir immerhin den Beifall des damaligen Oberbürgermeisters Dr. Brix eintrug, der mich nach diesem „Gutachten" sehen wollte. Er teilte mir mit, ich sei der erste vernünftige Mensch, der diese Sache in den Griff bekommen hätte.

Mein Gutachten lautete folgendermaßen: 1. Ewige Zeiten kein juristischer Begriff. 2. Formulierung aus der Zeit heraus zu verstehen (1936). 3. Tausend Jahre gleich zwölf Jahre. 4. Ewigkeit entsprechend.

Nachdem mein damaliger Ausbilder zunächst sehr verblüfft war, brach er in ein befreiendes Gelächter aus und im Fortgang trug mir dies die erwähnte Privataudienz beim OB ein. Er hat bei mir einfach für die Zukunft das Bewusstsein geweckt, dass man manche Sachen wirklich nur mit Humor beenden kann.

Bei dem Streifzug durch die schöne Referendarzeit ist noch über eine Begebenheit zu berichten, die an einen von mir sehr geschätzten Kollegen, nämlich meinen Freund Gerhard Kettenbach, erinnern soll. Mit ihm habe ich die Zeit als Referendar mehr durchtrunken als durchlitten. Wir waren damals gefürchtete Trinker vor dem Herrn und jeder Tag begann eigentlich mit einem umfangreichen Frühschoppen. Es war dann immer die Frage, ob wir noch mit soviel Energie aus dem Gasthaus herauskommen würden, um uns den Forderungen des Tages - um es mit Goethe zu sagen - zu stellen.

Damals gab es noch eine Station beim Oberlandesgericht. Gerhard Kettenbach und ich (er fuhr damals einen alten VW) machten uns also auf dem Weg nach Zweibrücken. Unterwegs machten wir – wie dies üblich war – Halt, nahmen einen ausgedehnten Frühschoppen zu uns und erschienen dann gegen 11 statt gegen 9 Uhr schon etwas angeheitert in den ehrwürdigen Räumen des Pfälzischen Oberlandesgerichtes.

Uns war vorgegeben, in allen Stationen zunächst beim Behördenleiter vorstellig zu werden. Gerhard schlug vor, dass wir gleich dem OLG-Präsidenten, das war damals Herrn Reinheimer, unsere Aufwartung machen müssten. Was wir nicht wussten: Beim Oberlandesgericht war dies wohl wegen der hohen Stellung des Richters nicht gewünscht.

Wir erschienen also recht aufgelockert im Vorzimmer des Chefpräsidenten und teilten einer fassungslosen Sekretärin mit, die Referendare Kettenbach und Lütz-Binder bäten darum, zum Präsidenten vorgelassen zu werden. Mit allen Anzeichen des Abscheus wehrte die Sekretärin ab. Weil wir aber immer penetranter darauf bestanden und – durch einige Biere aufgelockert – sehr lautstark wurden, ging plötzlich die Tür auf, der Präsident stand im Türrahmen und fragte: „Was ist denn hier los?" Als ihm die Sekretärin mit einem geradezu beleidigten Unterton berichtete, hier seien zwei Referendare, die ihn sprechen wollten, sagte der Präsident: „Das ist aber mal schön, kommen Sie bitte herein, meine Herren."

Wir verbrachten etwa eine Stunde beim Chef des Pfälzischen Oberlandesgerichtes und führten mit ihm ein angeregtes Gespräch. Als wir uns von ihm verabschiedeten, hörten wir über unsere Schultern hinweg, wie er seiner Sekretärin die Anweisung gab: „Das machen wir künftig immer, so lerne ich die Herren wenigstens kennen." Von Damen war damals kaum die Rede.

Mein Freund Gerhard, an den ich oft denke, ist schon geraume Zeit tot und ich will diese Geschichte damit abrunden, dass meine ebenfalls Anwältin gewordene Tochter mir manchmal, wenn ich etwas erzähle, entgegenhält: „Papa, ist es möglich, einmal eine Geschichte zu erzählen, in der wenigstens einer der Beteiligten noch lebt?"

Ja, liebe Tochter, leider ist das mit fortschreitendem Alter immer weniger möglich. Ich meine aber, ein Mensch, über den etwas erzählt werden kann, der ist nicht richtig tot.

Zulässiger Sarkasmus

Es ist auch in unserem Beruf – wie wohl in allen – die Regel, dass man gewisse Aufgaben gerne, andere aber eher mit einer gewissen Reserve erfüllt, weil dazu die spezifisch notwendigen Eigenschaften, um diese Aufgabe optimal zu erfüllen, in einem nicht angelegt sind.

Im Anwaltsberuf, um die zwei großen Felder abzustecken, gibt es vor allem die Beschäftigung mit dem Zivilrecht und dem Strafrecht, wobei Letzteres mir schon immer näher lag. Allerdings kann es nicht ausbleiben, dass man sich auch mit der weniger geschätzten Materie ab und zu intensiv auseinandersetzen muss und dies ist auch in einer Kanzlei wie der meinen, wo mehrere Anwälte tätig sind, oft für den Chef unabweichlich, wenn eine Frist zu wahren ist und die Mitarbeiter sich bisher der Sache nicht angenommen hatten (meist wohl aus gutem Grund).

Um den für mich entscheidenden Unterschied zwischen der zivilrechtlichen und der strafrechtlichen Tätigkeit zu bezeichnen, will ich mich, obwohl es ansonsten nicht in meiner Wesensart liegt, eines militärischen Vergleichs bedienen: Zivilrecht ist Artillerie, Strafrecht ist Infanterie, was heißt, im Zivilrecht schießt man sozusagen mit Kanonen Schriftsätze auf die Gegenseite, die dort mehr oder minder schadenstiftend einschlagen und der Gegner hat dann Zeit, seinerseits seine Geschütze in Stellung zu bringen und zurückzuschießen und es ist eine große Präzision erforderlich, wenn man erfolgreich sein will. Man hat aber ausreichend Zeit, sich seiner Munition zu versichern, die Geschütze zu richten und dann innerhalb der einem eingeräumten Fristen den ersten oder den zweiten Schuss, je nachdem, ob man Kläger- oder Beklagtenvertreter ist, abzugeben.

Im Strafrecht ist es so, dass man wie ein Infanterist während der Sitzung im Graben sitzt und sich sofort entscheiden muss, ob man zum Angriff übergehen oder es bleiben lassen soll, weil eine Minute des Zögerns einem die Waffen aus der Hand schlagen kann, weil inzwischen Verfristungen eingetreten sind. Ein Ablehnungsgesuch zum Beispiel, das nicht rechtzeitig gestellt ist, ist absolut wertlos.

In der strafrechtlichen Befassung ist also sozusagen eine Begabung notwendig, die aus dem Stehgreif etwas entwickeln kann, während bei den Feldern des Zivilrechts mehr die bedächtige Durchdringung des Stoffes in einer angemessenen Zeit die

Aufgabe darstellt. Ich habe deshalb, um ein weiteres Beispiel zu bemühen, oft den Satz gewagt: Wer ein guter Kabarettist geworden wäre, könnte in der Regel auch ein guter Strafverteidiger werden, weil das eine wie das andere Fach eben die Fähigkeit voraussetzt, aus der Situation heraus sofort angemessen zu reagieren.

An einem Abend, die Mitarbeiter hatten das Büro schon längst verlassen, musste ich mich selbst mit der Artillerie beschäftigen und zwar noch mit einem Bereich, der innerhalb des Gebiets, das ich nicht so besonders schätze (von den Nachbarrechtsstreitigkeiten einmal abgesehen), sich ebenfalls nicht gerade durch besonderen Charme auszeichnet. Denn es ging um Mietrecht.

Ich hatte mich mit einem Fall zu befassen, in dem ein Vermieter, der überflüssigerweise noch Anwalt war und der eine Reihe von Mietwohnungen hatte, von einem Mieter Schadenersatz verlangte, weil die Wohnung nicht in ordnungsgemäßem Zustand zurückgegeben worden sei. In dem von seiner Artillerie verschossenen Schriftsatz war deshalb die Rede davon, dass im Bad am Waschbecken eine Ecke abgebrochen und der Badezimmerspiegel blind sei. Der Kollege verstieg sich zu der Schilderung von Mängeln, die bis in die Toilette reichten.

Als ich den Schriftsatz gelesen hatte, war mir bewusst, dass ich vor einer unangenehmen Aufgabe stand. Denn im Zivilrecht ist es so, dass alles, was nicht bestritten wird, als zugestanden gilt, so dass ich mich mit jeder Absplitterung an jeder Schrankecke auseinandersetzen musste, dies, wenn es nach unserer Auffassung nicht zutraf, bestreiten und noch Zeugen oder ein Sachverständigengutachten für diese Behauptung anbieten musste.

Es war gerade zu dieser Stunde (es ging so gegen 21 Uhr) nicht gerade eine aufmunternde Abendbeschäftigung und ich wurde, obwohl ich meiner Aufgabe mehr oder minder nachkam, immer missmutiger. Gegen Schluss des Schriftsatzes, als meine Bestreitungskünste immer mehr ermatteten, ritt mich dann doch der Teufel. Ich wollte einen Abgang hinlegen, der nun nicht spezifisch zivilrechtlich sein sollte. Es gibt im „Faust" die schöne Stelle, wo Mephisto – und an dieses Zitat denke ich oft – sagt: „Ich bin des trockenen Tons nun satt, will wieder recht den Teufel spielen." Ich zitiere dies nur deshalb, weil dieser Satz absolut meine innere Stimmung wiedergab und ich schwang mich zu folgendem Satz auf: „Um es einmal in aller Deutlichkeit auf den Punkt zu bringen: Wer heute das Gruseln lernen will, der muss nicht mehr in die weite Welt hinausziehen, sondern er muss nur beim Kläger einziehen."

Als mein Artilleriegeschoss mit diesem vergifteten Schuss die gegnerische Stellung erreicht hatte, ließ die Reaktion nicht lange auf sich warten. Denn der erboste Kollege legte den Schriftsatz der Anwaltskammer zur Begutachtung vor und erwartete von dort, dass mir eine nachhaltige Rüge ausgesprochen würde, weil er diesen Satz als beleidigend empfand.

Nun ist die Anwaltskammer auch nicht eine der schnellsten Institutionen und es vergingen einige Wochen, bis mich ein Brief erreichte, der allerdings, was seinen Inhalt betraf, mein Herz erwärmte. Die Kammer überließ mir nämlich das Schreiben an den Kollegen in Abschrift, in dem sie wortreich ausführte, es handele sich hier nicht um eine Beleidigung, so dass für eine Rüge kein Anlass sei. Meine Schlußsentenz wurde folgendermaßen bewertet: „Es handelt sich hier nicht um eine beleidigende Äußerung, sondern im Gesamtzusammenhang um einen zulässigen Sarkasmus."

So sind, wenn ich mich spät abends noch dem nicht so geliebten Zivilrecht widmen muss, meine zur Entlastung des Gemüts manchmal eingestreuten „Mitternachtsspitzen" durch die höhere Weihe der Anwaltskammer dem Rügeverfahren entzogen.

Die Kunst der Rede

Die Rhetorik – im Altertum die angesehenste Kunst – hat es in unseren Zeiten und vor allem in Deutschland schwer. Denn die meisten Leute werden den manchmal auch begründeten Verdacht nicht los, dass seidene Oberhemden unbedingt einen ungewaschenen Oberkörper voraussetzen, dass also die schmucke Form den dürftigen Inhalt verdecken soll.

So hat es die Redekunst an den ihr angestammten Plätzen, der Politik und der Jurisprudenz, in angemessener Form wahrgenommen zu werden, nicht leicht und die großen rednerischen Vorbilder sind natürlich auch dahin. Die Zeiten eines Grafen Lambsdorff, der einmal sagte: „Wer diesen Sozialdemokraten die Kasse anvertraut, der kann auch gleich den König Herodes zum Präsidenten des Müttergenesungswerkes machen", sind leider vorbei.

Nun gibt es zwei Arten von Reden. Am besten lässt sich dies an den vielleicht größten Rednern des Altertums, an Demosthenes und Cicero, aufzeigen. Wenn Cicero die Rednertribüne verließ, sagte das Volk: „Kein Sterblicher spricht schöner." Wenn Demosthenes redete, rief das Volk: „Krieg, Krieg gegen König Philipp." Da muss man nicht mehr viel erklären.

Die zweite Redeform ist die der Verteidigungsrede, nämlich dass diejenigen, auf die es ankommt, die Richter, zum Schluss sagen: „Freispruch für den Angeklagten." Es ist also nicht Aufgabe des Verteidigers, die nur schöne Rede ins Feld zu führen, sondern die wirkungsvolle.

Nun bin ich oft gefragt worden, wie eine Verteidigungsrede (und wir sprechen wirklich nur von der völlig frei, ohne jedes schriftliche Konzept, gehaltenen Rede – alles andere ist keine Rede, sondern eine Lesung) angelegt sein soll. Dann verweise ich immer auf einen Aufsatz von Heinrich von Kleist und auf ein Zitat von Cicero (Text und Zitat lege ich allen meinen Referendaren ans Herz, mit Ausnahme der wenigen, denen an der Nase anzusehen ist, dass sie wohl nur als Belastung im Grundbuch dienen könnten und sich niemals für unsere Kunst begeistern lassen würden). Es handelt sich um den Aufsatz von Heinrich von Kleist „Die Verfertigung der Gedanken während des Redens" und das knappe und präzise Wort Ciceros: „rem tene verba sequuntur" (behalte die Sache im Auge, die Worte werden von selbst folgen).

Es ist im Grunde das Geheimnis aller Rhetorik, das Thema im Blick zu behalten („behalte die Sache im Auge"). Man kann sich dann von seiner eigenen Rede („die Worte werden von selbst folgen") zu Bildern aufschwingen lassen, die erst während der Aktion geboren werden. Dass die Durchdringung des Stoffes dabei natürlich das Elementare ist, um ein solches Ziel zu erreichen, brauche ich wohl nicht umfangreich zu erörtern.

An zwei Beispielen will ich klarmachen, wie bei Plädoyers von mir sich dieser Effekt einstellt und mich zu Sprachbildern bringt, die ich vorher nicht in meinem geistigen Konzept hatte, die sich aber aus dem Stoff heraus und im Fortgang des Verfertigens der Gedanken beim Reden ergeben.

Es gibt in der Jurisprudenz, diese Vorbemerkung ist nötig, die Vorsatzform des indirekten Vorsatzes, dass also jemand zur Erstrebung eines anderen Zieles ein strafrechtliches Ziel in Kauf nimmt, ohne dies direkt anstreben zu wollen. Der Dieb, der einsteigt, möchte den Schmuck an sich bringen und dem Eigentümer nichts antun. Er hat aber in seinen Plan aufgenommen, wenn er von diesem bei seiner Aktion gestört würde, ihn unter Umständen anzugreifen und gegebenenfalls sogar zu töten. Dies wäre in meinem Beispiel dann ein Totschlag mit indirektem Vorsatz.

Nun ist die Feststellung des indirekten Vorsatzes oft ausgesprochen schwierig. Abweichend von meinem Beispiel ist dies am schwierigsten in Fällen des Betruges und der Untreue, weil im Falle von beiden Tatbeständen nur der indirekte Vorsatz strafbar wäre und Freispruch erfolgen müsste, wenn nur eine grobe Fahrlässigkeit festgestellt werden könnte. Hier verläuft also ein ganz schmaler Grat in manchen Fällen zwischen sechs Jahren Haft und Freispruch, wie überhaupt in Wirtschaftsstrafsachen der Übergang zwischen Bundesverdienstkreuz und Untersuchungshaft fließend ist.

Ich hatte bei der Wirtschaftsstrafkammer in Kaiserslautern einen Fall, bei dem es genau auf diesen Unterschied ankam und ich hörte mich bei meinem Plädoyer über die theoretischen Voraussetzungen des indirekten Vorsatzes referieren mit einer Perlenkette von mehr oder minder zutreffenden Entscheidungen, bis ich mich auf der Spitze des angesammelten Stoffes zu folgendem Sprachbild – ich muss es so sagen – hinreißen ließ: „Hohe Strafkammer, nun ist es mit dem indirekten Vorsatz bei Ihnen wie mit dem Mond bei Matthias Claudius, er ist oft nur halb zu sehen und liest sich dann in Ihren Urteilen rund und schön."

Der Vorsitzende der Kammer sagte mir (der Mandant wurde im Übrigen freigesprochen) nach der Sitzung, er müsse mir – ohne das Beratungsgeheimnis brechen zu wollen – mitteilen, man sei in die Beratung gegangen und habe über dieses Sprachbild zunächst herzhaft gelacht und gesagt: Ein echter Lütz-Binder! Aber dann sei ihnen das Lachen im Gesicht gefroren, denn sie hätten einräumen müssen, dass es in der Tat oft so um die Feststellung dieser Vorsatzform in Urteilen bestellt sei.

Dieser Satz hat nun alles, was das Rhetorische ausmacht. Er beginnt mit einem Bild, das absolut nicht in den Rahmen zu passen scheint. Denn was macht Matthias Claudius in einem Strafrechtsplädoyer (ich nenne diese Methode „Hannibal kommt über die Alpen")? So wie die Römer damals gebannt darauf schauten, wie Elefanten über das Gebirge in ihr Land herabstiegen, so war die Kammer davon überrascht, was nach dieser Eröffnung nun folgen sollte. Nach einer gut gewählten Pause schoss ich dann den zweiten Halbsatz, der wieder genau in den Stoff führte, nach. Es ist hier manchmal wie in der Musik: Die Pausen sind mit das Entscheidende.

Ein anderes Beispiel, das nach derselben Methode aufgebaut ist, war ein Fall, in dem mein Mandant seine Tante und seinen Onkel umgebracht hatte. Nach einer Revision beim Bundesgerichtshof kam das Verfahren im zweiten Durchlauf zur Schwurgerichtskammer nach Kaiserslautern. Der Angeklagte wurde letztlich zu zwölf Jahren verurteilt.

Bei diesem Mandanten fiel auf, dass er eine Kindheit hatte, die geradezu abenteuerlich war. Er war nämlich nie drei Wochen an einem Platz, er wurde von Heim zu Heim geschoben und es war ein heilloses Durcheinander in seiner sogenannten Erziehung. Nun gibt es ja nichts Abgedrescheneres in unserem Verteidigungsarsenal als der Hinweis auf eine schwere Kindheit. Man kann dies wirklich nicht mehr hören und ein kluger Verteidiger lässt sich deshalb angelegen sein, dies – wenn überhaupt – nur versteckt anzudeuten.

In diesem Fall war mir aber klar, dass ich auf diese exorbitante Jugendzeit eingehen musste. Nachdem ich dies im Stoff und im Hirn so verankert hatte, brachte ich diesen Sachverhalt in einem Satz unter, der, was die Formalien angeht, dem vorigen Satz folgte. Nach der Sitzung machte der Vorsitzende die Bemerkung, dies sei der stärkste Satz gewesen, den er je in einem Plädoyer gehört habe. Der Satz lautete: „Archimedes (Methode Hannibal) hat einmal gesagt, zeigt mir einen Platz außerhalb der Erde und ich werde diese aus den Angeln heben. Hätte man diesem armen

Menschen einen Platz auf der Erde angewiesen, er wäre vielleicht nicht aus den Angeln geraten."

Zum Abschluss noch ein Beispiel rhetorischer Notwehr, das mir einmal in Koblenz unterlaufen ist. Ich verteidigte einen Musiker, der dem Rauschgift sehr zugeneigt war und es ging hier um die Frage, ob noch eine Bewährungsstrafe von zwei Jahren zu erreichen wäre oder ob eine Haft von etwa vier Jahren ausgesprochen würde. Dies hing natürlich vor allem vom Verhalten des Mandanten ab. Während der ganzen Sitzung machte er mir klar, dass er unbedingt einen Freispruch erzielen wolle. Meine Hinweise, dass dies die Aktenlage nicht hergebe, fielen bei ihm nicht auf fruchtbaren Boden. Mir war klar, ich würde die Chance auf eine Bewährung verschenken, wenn ich den Anweisungen des Mandanten Folge leisten würde. Als ich mich erhob, wusste ich noch nicht, was ich eigentlich im Endergebnis der Kammer anbieten sollte.

Nun kannte ich das Gericht durch andere Verhandlungen, insbesondere der Vorsitzende war mir sehr geneigt. So begann ich, Argument auf Argument zu häufen, um darzustellen, dass die Beweise für eine Verurteilung nicht ausreichen würden. Hatte man mir noch am Anfang recht aufmerksam zugehört (der Redner soll immer auf sein Publikum achten), merkte ich nach einer geraumen Zeit, in der ich mich immer weniger sinnvoll um das Säen von Zweifeln bemühte, dass in den Gesichtern der Richter die Frage geschrieben stand, warum dieser Verteidiger, den man doch sonst als vernünftig kennt, seine Zeit hier an etwas verschwendet, was absolut nichts bringen wird.

Als ich diese Stimmung aufgenommen hatte, machte ich eine rhetorische Kehre: „Hohes Gericht, mit dieser Art von Argumentation hätte Sie vielleicht ein Verteidiger minderer Qualität noch eine Weile gequält. Ich wollte dies nur meinem Plädoyer voranstellen, um dem Mandanten zu zeigen, wie aussichtslos eine Argumentation in Richtung Freispruch ist. Hier kommt es nämlich einzig und allein darauf an, dass wir uns der Frage einer etwaigen Bewährung zuwenden." Und dann kamen die eigentlichen Argumente.

Der Mandant erhielt zwei Jahre auf Bewährung. Als ich nach meinem Plädoyer und vor dem Urteil noch etwas bangen Herzens vor einem Mann stand, der mir eine völlig andere Anweisung gegeben hatte (Anweisungen von Mandanten folge ich in der Regel nicht), sagte dieser mit einem spitzbübischen Lächeln: „Woher haben Sie denn gewußt, dass ich es gewesen bin?" Dieser Satz hat mich im Übergehen von

Mandantenmeinungen noch etwas rabiater gemacht, falls dies überhaupt möglich ist.

Letztlich eine Verteidigung in Darmstadt, es war meine zweite im Fall des Al Capone von der Pfalz, also von Bernhard Kimmel. Ich versuchte mit allen Mitteln, aus dem angeklagten Mord heraus in den Totschlag zu kommen. Der damalige Vorsitzende und spätere Präsident des Hessischen Verfassungsgerichtes kam nach der Sitzung auf mich zu und sagte: „Herr Lütz-Binder, beinahe wären wir Ihnen auf den Leim gegangen."

Es ist letztlich die Kunst der juristischen Rede, den Krieg gegen König Philipp auszulösen, also diejenigen, auf die es ankommt, herumzubringen zum Wohle des Mandanten.

Zum Schlus und zur Klarstellung noch Folgendes: Im Lateinischen gibt es den feinsinnigen Unterschied zwischen überzeugen und überreden. Der gute Verteidiger will nicht überreden, sondern er benutzt die Redekunst, um zu überzeugen.

Ein Abgang in Briefen

Manchmal erreicht einen nach langer Zeit wie ein Echo, das von weit herkommt, der Brief eines Mandanten, den man schon vergessen hatte (allerdings seinen Fall nach wie vor weiß) und lässt die Erinnerung an ein längst vergangenes Geschehnis wieder sehr lebendig werden.

Vor vielen Jahren verteidigte ich einen Mann, der seine Ehefrau umgebracht hatte. Nachdem die Anklage auf Mord lautete, versuchte ich der Schwurgerichtskammer klar zu machen, dass man es hier von den Mordmerkmalen her zwar mit dieser Bestimmung des Gesetzbuches zu tun habe. Aber die Besonderheiten des Falles sprächen so schwerwiegend für den Mandanten, dass eine Verurteilung zu lebenslanger Haft einfach unverhältnismäßig sei.

Der Bundesgerichtshof hat in einer berühmten Entscheidung für solche Fälle einen Ausweg gefunden, der zwar dogmatisch sehr unsauber ist, aber dem tatsächlichen Geschehen – und dies ist ja das Wesentliche – Rechnung trägt. Die Kammer, die erkennbar schon einige Sitzungstage vorher auf diesem Weg zu sein schien, schloss sich meiner Argumentation an und verurteilte den Mann zwar wegen Mordes, aber lediglich zu 13 Jahren Haft. Der Fall hat in der Öffentlichkeit großen Wirbel ausgelöst, weil hier trotz des Vorliegens eines Mordes eine zeitliche Strafe ausgesprochen worden war.

Dieser Mann – der, wenn es so etwas gibt, gebildet, aber nicht ausgebildet war – hat sich dann während der Haft immer wieder in Briefen an mich gewandt. Eines Tages offenbarte er, er sei jetzt in der Bibliothek eingeteilt, die Vielzahl der Bücher errege sein Interesse und er bitte mich, ihm einmal einen Tipp zu geben, mit was er sich literarisch beschäftigen solle. Denn er habe jetzt ja Zeit.

Sehr erfreut über dieses Interesse schrieb ich ihm zurück, er solle seine Zeit nicht an Minderwertiges verschwenden, sondern sich einmal mit Thomas Mann befassen und ich gab ihm den Rat, die Erzählungen oder zum Einstieg auch den „Tod in Venedig" zu lesen. Ein halbes Jahr später berichtete er mir über seine Erfahrungen und ich stellte zu meinem grenzenlosen Erstaunen fest, dass er sich an den „Zauberberg" gewagt hatte. Sein Brief mit Details zeigte mir, dass er das Buch gelesen haben musste.

Im Fortgang unseres literarischen Austausches habe ich ihm dann Bert Brecht ans Herz gelegt, insbesondere dessen Liebeslyrik. Für mich war es immer ein großes Vergnügen festzustellen, mit wie viel Herz und Verstand dieser Mann sich seine Zeit in der Haft verkürzte.

Sein letzter Brief veranlasste mich aber, ihm sofort zu antworten und ihm zu bedeuten, dass er das Wesentlichste verinnerlicht habe, was ein Mensch verinnerlichen könne, nämlich seinen Humor auch in aussichtslosen Lagen nicht zu verlieren. Er schrieb mir nämlich, er habe sich jetzt an die wirklich wichtigen Werke gemacht, habe sich von Goethe den „Urfaust", den „Faust" und schließlich die „Wahlverwandtschaften" besorgt und wolle jetzt wirklich tief in die Literatur eindringen. Dieses Bekenntnis rundete er mit dem unvergleichlichen Satz ab: „Die mir hier verbleibende Zeit wird dazu kaum ausreichen, ich werde wohl verlängern müssen". Literatur kann helfen.

Manchmal erreichen einen Briefe, deren orthografische Hilflosigkeit einen geradezu rührt. Ich bitte mir abzunehmen, dass ich mich mit der folgenden Geschichte nicht über den Verfasser lustig machen will, aber seine Unbeholfenheit im Umgang mit der Rechtschreibung hat zu einem – um es neudeutsch zu sagen – „Gag" geführt, den ich einfach nicht verschweigen kann.

Es ist dazu etwas Propädeutik notwendig, denn es geht um den sogenannten Maßregelvollzug, der im Gesetz festgelegt ist und bedeutet, dass einem Straftäter, der zum Beispiel seine Tat aufgrund einer Alkoholsucht begangen hat, die Möglichkeit eingeräumt wird, sein Problem statt in der Haftanstalt in einer therapeutischen Anstalt zu bekämpfen. Dies gilt heutzutage vor allem auch für die Vielzahl der Betäubungsmittelvergehen und hat deshalb im Betäubungsmittelgesetz zu einem eigenen Paragraphen geführt. Aber auch das Strafgesetzbuch sieht eine solche Behandlung in § 64, dem sogenannten Maßregelvollzug, vor.

Ein Gefangener schrieb an unsere Kanzlei, er wolle unbedingt mich als Verteidiger, denn er habe gehört, dass ich, so wörtlich, „ein Aas" sei. Angesichts meines vorgerückten Alters dürfte dies vielleicht eine halbwegs zutreffende Formulierung sein. Aber der Mann verlangte etwas von uns, was wir wirklich nicht zu leisten in der Lage sind.

Mein Kollege Stefan Beck, der den Brief zuerst in die Hand bekam, rief mich aus seinem Büro an und sagte: „Chef, hier wird eine Maßregel vorgeschlagen, der wir

uns sofort selbst anschließen sollten." Als ich fragte, um was es gehe, las er mir die entscheidende Passage des Briefes vor: „Bitte ich Sie dafür zu sorgen, dass ich in den Marsriegelvollzug komme." Einer so süßen Verbüßungsart wollte sich unser ganzes Büro unterziehen.

Schließlich sei noch der Brief eines Mandanten erwähnt, der sich nach so langer Zeit wieder an mich wandte, dass ich gar nicht mehr wusste, um was es sich eigentlich damals gehandelt hatte. Auch heute ist mir der Fall nur noch sehr schemenhaft in Erinnerung. Der Mann schrieb, ich hätte mich damals sehr um ihn gekümmert, ihm vor allem über das Juristische hinaus Ratschläge für sein künftiges Leben gegeben, die er auch erfolgreich umgesetzt habe. Er sei verheiratet, habe inzwischen zwei wohlgeratene Kinder und sei nie mehr mit dem Gesetz in Konflikt gekommen. Dies führte er darauf zurück, so jedenfalls drückte er es in dem Brief aus, dass er auf meine Ratschläge gehört habe, die ihm im weiteren Leben sehr zunutze gekommen seien.

Ganz entscheidend sei für ihn gewesen, so der Mann weiter in seinem Brief, dass ich ihn damals zum Geständnis überredet hätte. Denn statt der befürchteten acht Jahre habe er nur fünf Jahre bekommen und da er nach zwei Drittel dieser Zeit entlassen worden sei, sei die Bestrafung doch für ihn halbwegs erträglich gewesen. Und dann kam er zum Kern: „Sie haben mich damals auf dem Gerichtsflur, als ich nicht auf Ihre Ratschläge hören wollte, als das größte auf zwei Beinen herumlaufende Arschloch bezeichnet. Heute weiß ich, Sie hatten Recht!" So holt einen das Echo früherer Unflätigkeiten in wohltuender Weise wieder ein.

Letztlich bleibt noch von einem internen Briefwechsel zwischen einem Gefangenen, den wir dann vertreten haben und einem Freund zu berichten. Unser späterer Mandant schrieb an den Freund, er möge sich um einen Verteidiger für ihn kümmern. Nachdem im Antwortbrief mehrere bekannte Strafverteidigernamen aus der Region mit Für und Wider behandelt worden waren (für den Insider kann das durchaus sehr interessant sein, weil sich die Einschätzungen der Gefangenen oft mit denen des Fachmanns nicht ganz decken), kam der Häftling zu einer ultimativen Forderung an seinen Freund, die er folgendermaßen in Worte kleidete: „Ach was, scheiß auf's Geld, nimm den Lütz-Binder."

Dies sollte auch das Motto beim Kauf dieses Buches sein.

Der Arbeitsplatz unter der Kuppel –
aus der Tätigkeit des Strafverteidigers

*Den folgenden Text habe ich für ein Buch geschrieben, das 2003 aus Anlass des 100.
Jahrestages der Einweihung des Landauer Justizgebäudes am Marienring erschienen ist. Es
trägt den Titel „100 Jahre Justizgebäude – 100 Jahre Justiz im Gebäude". In meinem
Beitrag, der eine Art Plädoyer ist, habe ich auch für Menschen, die nicht im Justiz-
dienst stehen, zusammengefasst, wie ich die Rolle des Strafverteidigers sehe.*

Am Morgen des 1. April 1933 wurde dem jüdischen Landauer Anwalt Dr.
Goldberg das Betreten des Landauer Justizgebäudes auf Anordnung des
damaligen Landgerichtspräsidenten durch einen Wachtmeister unter-
sagt. Der preußische Justizminister Kerrl hatte in Übereinstimmung mit
den übrigen Justizministerien am 31. März 1933 die Oberlandesgerichts-
Präsidenten angewiesen, jüdischen Richtern die Pensionierung zu emp-
fehlen und im Weigerungsfalle vom Hausrecht Gebrauch zu machen und
jüdischen Anwälten das Betreten des Gerichtsgebäudes zu untersagen.
Das Gesetz „Zur Wiederherstellung des Berufsbeamtentums" vom 7. April
1933 entfernte mit seinem „Arier-Paragraphen" jüdische Beamte aus dem
Staatsdienst und diese Bestimmungen wurden auf Anwälte analog angewendet.

Schon eine Woche vor Inkrafttreten des Gesetzes bezog sich der damalige Hausherr
dieses prächtigen Gebäudes in vorauseilendem Gehorsam auf diese Unrechtsgrund-
lage, die es dem Kollegen Dr. Goldberg verbot, an seinen Arbeitsplatz zu gelangen.
100 Jahre Justizgebäude bedeuten eben nicht 100 Jahre Justiz im Gebäude, wenn
man unter Justiz die Anwendung von Recht versteht. In und vor diesem Gebäude
ist auch Unrecht zur Anwendung gekommen.

Welch glückliche Anwaltsgeneration sind wir dagegen. Niemand kann uns – ab-
gesichert von unserer freiheitlich-demokratischen Grundordnung – den Zugang
zu unserem Arbeitsplatz verwehren, wir haben alle Rechte und sollten sie wahrne-
hmen, damit sie nicht stumpf werden. So habe auch ich seit bald 40 Jahren den
krisensicheren Arbeitsplatz unter der Kuppel und darf ungestört meiner Tätigkeit
als Strafverteidiger nachgehen. Es ist Zeit und Ort, dies nicht als selbstverständlich,
sondern mit kämpferischer Dankbarkeit zu konstatieren.

Nun klingt der Titel „Der Arbeitsplatz unter der Kuppel – aus der Tätigkeit des
Strafverteidigers" eher ans Artistische gemahnend, jedenfalls gefährlich, und diese
Assoziation möchte ich im Folgenden aufnehmen. Einmal unabhängig davon,

dass man in jeder Strafsache in der Gefahr steht, unter der Kuppel vom Drahtseil der juristischen Argumentation abzustürzen, ohne dass ein rettendes Netz einen aufzufangen in der Lage wäre; die Tätigkeit hat über den engeren Anlass der jeweils zu bewältigenden Strafsache hinaus etwas Verwegenes und in vielen Kreisen auch heute noch Anrüchiges, stellt man doch seine juristischen Fähigkeiten aus der Sicht des Publikums oft in den Dienst des Verbotenen, des Verbrechens, des schlechthin Bösen, wird als Komplize des Täters angesehen, den vor der Gerechtigkeit in Sicherheit zu bringen die eigentliche Aufgabe des Strafverteidigers sei.

Natürlich liegt auch darin ein Stück Wahrheit, denn hätte der Strafverteidiger nicht eine Affinität zu dem, was er tut, dann könnte er diesen Beruf nicht ausüben. Es ist die Art von Affinität, die unser großer Anwalts-Kollege Goethe einmal in den Satz gebannt hat: „Ich kann mir vorstellen, in einer gewissen Lage einen Mord zu begehen", also das Wissen um die eigene gebrechliche menschliche Konstitution gerade auch im Moralischen, das einen vor pharisäerhaftem Übermut denen gegenüber, die man zu vertreten hat, schützt. Aber es ist schon einen ernsthaften Gedanken wert, dass eine gewisse Fähigkeit im Strafverteidiger angelegt sein muss, sich in die Psyche des Täters hineinversetzen zu können.

Diesen Gedanken paraphrasierend, kann Goethe nochmal die Ehre gegeben werden: „Wär' nicht das Auge sonnenhaft, wie könnt's die Sonne je erkennen." Und dies gilt natürlich auch für das Dunkle und Abgründige. Vielleicht beginnt der „favor defensionis" damit, dass man sich der eigenen Gefährdung durch das Böse und Irrationale bewusst ist, durch dieses Bewusstsein die Fähigkeit gewinnt, dagegen Vermeidungsstragien zu entwickeln und deshalb in der Lage ist, sich denen zur Verfügung zu stellen, die dies aus in ihrer Psyche angelegten Gründen in bestimmten Situationen nicht zu leisten vermögen.

Es läge jetzt natürlich nahe, aus der Vielzahl der in den letzten mehr als drei Jahrzehnten geführten Verteidigungen einige der Spektakulärsten herauszugreifen und in ihrer jeweiligen Problematik zu verdeutlichen. Wir lassen das Naheliegende, denn es ist sicher sinnvoller, über einige grundlegende Probleme der Verteidigung nachzudenken und nicht ins Gefällig-Anekdotische auszuweichen.

Strafprozessrecht ist, wie ein kluger Kopf einmal gesagt hat, angewandtes Verfassungsrecht und so ist jede Strafsache eine Probe auf den Zustand des Staatswesens; denn ein Staatswesen ist genauso viel wert, als es die Fähigkeit entwickelt, mit seinen Randgruppen, zu denen die Straftäter gehören, angemessen und das heißt in aufgeklärten Zeiten human umzugehen. Dies ständig im juristischen Alltag konkret

durchzusetzen, ist die vornehmste Aufgabe jeder Strafverteidigung und ihr ernstes Anliegen, die Rechte des Einzelnen gegen den Zugriff des mächtigen Staates zu schützen; denn es sind die Schwachen, die vom Recht geschützt werden müssen, das Gesetz ist ihre Rüstung, der Anwalt ihre Hoffnung. So ist auf der verfassungsrechtlichen Ebene jede Strafsache eine kleine Schlacht im Kampfe des Individuums gegen den mit seinen Zwangsmitteln zugreifenden Staat.

Wenn Zachariä, einer unserer großen Staatsrechtler, einmal gesagt hat, „die Advokaten sind eine Armee, die der Souverän gegen sich selbst aufstellt, um seine Macht in Grenzen zu halten", dann sind wir Strafverteidiger der Spähtrupp dieser Streitmacht, der oft im verminten Gelände die Wege aufspürt, die es dem Einzelnen noch ermöglichen, sich vor dem gewaltigen Zugriff der Staatsmaschinerie in Sicherheit zu bringen und das Recht auf jenes Stück Privatheit zu bewahren, das unser eigentliches Paradies ist.

Da heißt es oft gegen den Zeitgeist angehen, da heißt es manchmal, sich als Partisan des Grundgesetzes zu fühlen, wenn die regulären Truppen bereits das Schlachtfeld verlassen haben und Bastionen, die unbedingt zu halten sind, preiszugeben sich anschicken. Dabei gerät man heute in die groteske Situation, in der sich das untrügliche Gefühl breit macht, für Werte zu kämpfen, die längst aufgegeben worden sind von einer Gesellschaft, die sich dem Wahn totaler Sicherheit verschrieben hat und diese gewährleisten will eine durch immer größer werdende Flut von Überwachungssystemen. Es fällt das Bankgeheimnis, die Unverletzlichkeit der Wohnung verkommt zur Arabeske, die Bürger finden nichts dabei, sich auf Straßen und Plätzen von Kameras überwachen zu lassen, und letztlich geht ihnen das Gefühl für das Private, für das vom Staat abgesonderte Dasein völlig verloren.

Um einer nicht zu erreichenden trügerischen Sicherheit willen werden eherne, mühsam errungene Grundsätze der Liberalität aufgegeben, und das Erschreckende ist, dass dieser Überwachungsstaat nicht von oben verordnet zu werden braucht, sondern von den Bürgern geradezu inbrünstig herbeigesehnt wird. Richterfunktionäre denken unter dem Beifall eines Großteils der Bevölkerung an Folter in bestimmten Situationen, und im populistischen Sicherheitswahn ist man auf dem direkten Weg in voraufklärerische Zeiten. Hier muss die Verteidigung immer wieder mahnend ein- und angreifen und an die Werte, die das Leben erst lebenswert machen, erinnern und darauf pochen, dass jedenfalls der Teil der Bevölkerung, der sich das Gefühl für diese Kostbarkeit bewahrt hat, ohne scheel angesehen zu werden, so auch leben darf.

Was ist nun wesentliche Aufgabe der Strafverteidigung? Strafverteidigen heißt vor allem, auf die Einhaltung der Regeln zu achten. Jede wissenschaftliche Bemühung, wie uns Alexander von Humboldt wissen lässt, ist auf die Vernichtung des Zufalls hin ausgerichtet, und jede Strafverteidigung auf dem Boden der Strafprozessordnung muss darauf achten, dass das Gericht auf dem Wege der Regeln und nicht instinktiv und zufällig zum Urteil gelangt. Ob dieses Urteil dann auch das Richtige ist, ist eine völlig andere Frage im Einzelfall. Es ist aber bei der Einhaltung der Regeln am ehesten gewährleistet, dass in der Mehrzahl der Fälle das so erzielte Ergebnis auch richtig ist, weil es Zufälligkeiten soweit wie möglich ausschließt. Dabei streng auf die Einhaltung der dem Laien manchmal sehr förmlich vorkommenden prozessualen Regeln zu achten, ist vornehmste Pflicht, denn die Form ist die geschworene Feindin der Willkür, wie uns Rudolf von Jhering in seinem berühmten Buch „Der Kampf ums Recht" in wohl gewähltem Pathos zuruft.

Der Titel dieses nach wie vor aktuellen Werks gibt Veranlassung, auf das Antagonistische der Tätigkeit im Gerichtssaal hinzuweisen. Hier findet ein Kampf statt, der um die Wahrheit geht, die einem nicht in den Schoß fällt, sondern gegen viele Widerstände erstritten werden muss. Nun hat das Agonale in deutschen Landen leider einen negativen Beigeschmack, es gilt der Konsens als oberste Richtlinie öffentlichen Verhaltens, allein das Austragen von Gegensätzen auf offenem Markt, die Politik zeigt dies überdeutlich, stösst bei vielen Bürgern auf völliges Unverständnis. Dabei ist es der Kampf, der in allen Bereichen über die Bildung von These und Antithese zur Synthese führt und das Polemische gerade des Rechtsstreits, der so heißt, weil er so ist, garantiert die Gerechtigkeit des Ergebnisses.

Es ist eben auch hier der Kampf der Vater aller Dinge, und Heraklits Wort (polemos patär panton) wird nicht dadurch falsch, dass es zweieinhalbtausend Jahre alt ist. In diesem Kampf geht es um die Wahrheit, und an diesem Begriff lassen sich Glanz und Elend unserer Profession festmachen. Grundlage einer Entscheidung soll ein Sachverhalt sein, der möglichst der Wahrheit entspricht. Damit erheben wir den Anspruch, den wir mit Sicherheit nicht einlösen können und er uns zwingt, auf Hilfsmittel zurückzugreifen, die, so jedenfalls unser aller Wunsch, in der Vielzahl der Fälle die Richtigkeit unserer Ergebnisse verbürgen.

Was ist Wahrheit? Die alte Pilatus-Frage, die sich nicht zufällig an einem Prozess entzündete und die wir noch dahin erweitern müssen, „was ist Gerechtigkeit?", beherrscht all die Bereiche, wo wir zu Entscheidungen aufgerufen sind, die wir, ohne den Sachverhalt selbst erlebt zu haben, zu treffen gezwungen sind. Nimmt man die Wahrheit im überlieferten philosophischen Sinne als „adaequatio rei et intellectus", als die Übereinstimmung zwischen unserer Vorstellung und dem, was wirklich ist, dann leuchtet unmittelbar ein, dass dieser hohen Anforderung nicht Genüge getan werden kann und wir uns mit dem behelfen müssen, was wir die forensische, also die mit den Mitteln des Prozesses erzeugte Wahrheit nennen, die nichts anderes als die in den Rang der gerichtlichen Wahrheit erhobene Wahrscheinlichkeit ist, eine aus dem Widerstreit von These und Antithese entstehende, in sich synthetische Wahrheit.

Das menschliche Gehirn ist so angelegt, dass es Wahrheiten, die ihm unwahrscheinlich vorkommen, nicht also solche anerkennt, sondern instinktiv ablehnt, so dass es, dies ist eine Erfahrung, die jeder Strafverteidiger oft in bitterer Weise machen muss, Wahrheiten gibt, die nicht vermittelbar sind, weil sie zu unwahrscheinlich klingen, als dass unser auf Wahrscheinlichkeit eingerichtetes Gehirn sie als Wahrheit anzunehmen in der Lage wäre.

Dies führt zu dem, wenn man so will, zynischen Schluss, dass es Geschichten von Straftätern gibt, die, mögen sie hundertmal die Wahrheit sein, unter diesem Aspekt im Gerichtssaal keinerlei Chancen haben und deshalb vom kundigen Verteidiger dem Mandanten geradezu verboten werden müssen. Andererseits gibt es Wahrheiten, die einem unmittelbar, etwa durch den Augenschein, einleuchten und deshalb die ersehnte Übereinstimmung unserer Vorstellung mit dem, wie es wirklich ist, geradezu exemplarisch verdeutlichen. Dabei kann aber das allzu Offensichtliche auch das völlig Falsche sein. Unsere Wahrnehmung lässt uns jeden Morgen erneut den ihr entsprechenden Satz sagen: „Die Sonne geht auf."

Dies zeigt uns der Augenschein, ist deshalb für uns wahrscheinlich und wird von uns als Wahrheit akzeptiert. Wäre nicht durch Galilei und Kopernikus seit Jahrhunderten verbürgt, dass dieser platte Augenschein gerade dem nicht entspricht, was wirklich ist, würden wir nach wie vor in diesem Irrtum befangen sein, den unser Gehirn aufgrund seiner Anlage als Wahrheit akzeptieren würde. Nun fehlen uns bei der im Gerichtssaal zu ermittelnden Wahrheit leider ein Galilei und Kopernikus, so dass wir darauf angewiesen sind, aus dem, was uns zur Verfügung steht – Zeugenbefragung, Sachverständigen-Gutachten, dem, wie gezeigt, sehr anfälligen Augenschein und unsere eigene Lebenserfahrung –, einen Sachverhalt zu erarbeiten, der dann dem Urteil zugrunde gelegt werden kann. Dieser im verfahrensrechtlichen Ringen entstehende Sachverhalt ist die forensische Wahrheit, und ich bin mir sicher, dass in der über-

wiegenden Mehrzahl der Fälle diese forensische Wahrheit dem entspricht, was uns die Philosophie als Wahrheit vorstellt.

Letztlich ist die forensische Wahrheit also die höchste Wahrscheinlichkeit und Gerichte haben deshalb kein Zutrauen in einen Verteidiger, der ihnen zumutet, seltsame oder unmöglich erscheinende Dinge, und mögen sie die Wahrheit sein, zu glauben. Damit heißt es aber Abschied nehmen von absoluten Vorstellungen und sich zu vergegenwärtigen, dass wir es mit relativen Wahrheiten zu tun haben und dass, was wir Gerechtigkeit zu nennen pflegen, diesen Zufälligkeiten ausgeliefert ist und ausgeliefert bleiben wird. Der Zweifelssatz des „in dubio pro reo" verdankt dieser klug-resignierenden Einsicht seine überragende Bedeutung, der dort einsetzt, wohin uns Kants Feststellung weist: „ Die Notwendigkeit, zu entscheiden, reicht oft weiter, als die Möglichkeit zu erkennen." Wobei nicht das denkgesetzlich nur Mögliche den berechtigten Zweifel hervorrufen darf, sondern, und hier schließt sich der Kreis, das Beachten einer wahrscheinlichen Fehlerquelle in der Feststellung des für den Angeklagten negativen Sachverhalts.

So ist denn der Strafprozess ein Kampf um die forensische Wahrheit, geführt von allen am Verfahren Beteiligten in der tiefen Überzeugung, das jeweils Richtige zu tun, und ich bin zuversichtlich, dass Lessings Wort „So habe ich stets im Kampfe die Wahrheit gefunden, und wenn ich etwas verloren habe, dann war es nichts als ein Irrtum" auch für diesen Kampfplatz zutrifft.

Manchmal muss der Verteidiger auch im Gerichtssaal gegen einen der größten Feinde des Angeklagten antreten: die öffentliche Meinung. Dies ist dann der Fall, wenn Verbrechen exemplarischen Umfangs vor Gericht verhandelt werden und der einzige Mensch, in dem der Täter dann noch einen Verbündeten erkennen kann, sein Verteidiger ist, der unerbittlich darauf bestehen muss, auch den des scheußlichsten Verbrechens angeklagten nicht aus seinem Menschsein fallen zu lassen, sondern darzustellen, dass er ein Mensch unter Menschen ist und bleibt, und unbeirrt gerade in diesen Fällen für die Menschlichkeit an- und einzutreten gegen die Woge von Hass und Bosheit, die man „Gerechtigkeit" zu nennen pflegt und die nichts ist als eine Orgie der Selbstgerechtigkeit.

Verteidigung ist in ihrer Transzendenz ein Teil des Kampfs der freien Advokatur für das Recht des Individuums, im Rahmen der Gesetze so sein zu dürfen, wie ihm beliebt, weder rassischer Verfolgung noch Meinungsterror ausgesetzt zu sein und auch in der Stunde strafrechtlicher Verfolgung als Subjekt des Strafverfahrens behandelt und nicht als Objekt staatlichen Zugriffs missachtet zu werden, ein Kampf, der letztlich auf die Unwiederholbarkeit des 1. April 1933 angelegt ist.

Der Autor

Sein Name steht regelmäßig in der Zeitung, weil er in aufsehenerregenden Prozessen als Verteidiger auftritt. Bernd Lütz-Binder, Rechtsanwalt aus Landau, hat sich in bald vier Jahrzehnten anwaltlicher Tätigkeit vor allem in der Pfalz einen hohen Bekanntheitsgrad und guten Ruf erworben. Das Südwest-Fernsehen drehte 2010 einen längeren Film über ihn und strahlte das Porträt im dritten Programm aus. Nur ganz selten wird einem Juristen  eine solche Ehre zuteil. Dass er auch schon verschiedentlich in Filmen zu Wort kam, die sich mit spektakulären Verbrechen in der Vergangenheit beschäftigten, sei nur am Rande erwähnt.

Ich kenne Bernd Lütz-Binder seit Jugendjahren. Wir waren beinahe Nachbarsbuben im Neustadter Stadtteil Hambach. Mitte der 1970er Jahre kreuzten sich unsere Berufswege in Landau, und da ich als „Rheinpfalz"-Redakteur oft als Gerichtsberichterstatter tätig war, erlebte ich den Freund in vielen großen und kleinen Prozessen. Ich kann ihn beurteilen und stelle in der Summe nach eigenem Erleben über unendlich viele Jahre hinweg fest: Er ist ein begnadeter Rhetoriker, er ist ein – im besten Sinne – hervorragender Schauspieler, er kann witzig und geistreich schreiben, aber er ist vor allem, und das ist in seinem Beruf das Allerwichtigste, ein mit allen juristischen Fragen bestens vertrauter Rechtsvertreter.

Irgendwann musste es einmal so weit kommen, dass er selbst erlebte oder ihm von seriösen Kollegen glaubwürdig übermittelte Geschichten aus dem Alltag der Justiz zu Papier bringen würde. 2007 erschien sein Buch „Ich bitte um Milde", 2010 kam der wieder hinreißend illustrierte Band „Ich hoffe auf Nachsicht" dazu. Inzwischen ist der viel belesene und mit einem phänomenalen Gedächtnis ausgestatteten Bernd

Lütz-Binder auf den Geschmack gekommen. Das Schreiben macht ihm neben seiner unvermindert weiterlaufenden Tätigkeit als Anwalt, insbesondere als Strafverteidiger, so viel Spaß, dass vielleicht noch das eine oder andere Büchlein erwartet werden kann. Ich bin gespannt!

Wer „Lü-Bi" nicht persönlich kennt, erfährt aus der folgenden kurzen Zusammenstellung seiner Lebensdaten ein paar Informationen. Geboren 1942 in Mannheim (aber dies nur, weil seine Mutter zur Entbindung ein dortiges Krankenhaus aufsuchte). Aufgewachsen in Neustadt. Abitur am Altsprachlichen Gymnasium Neustadt. Studium der Jurisprudenz in Tübingen, Bonn und Freiburg. 1. Juristisches Staatsexamen 1966 in Freiburg, 2. Examen 1970 in Koblenz. Von 1970 bis 1971 Assessor bei Rechtsanwalt Dr. Karl Kerscher in Germersheim. Anschließend Mitarbeiter in einer Landauer Kanzlei, die er am 1. Februar 1972 samt Personal übernahm.

Der durchaus mit einem anerkennenden Unterton gerne „Bossi der Pfalz" genannte Bernd Lütz-Binder hat mit dem „richtigen" Rolf Bossi gemeinsam, dass er ein blendender Jurist ist, der mit allen in den Gesetzen vorhandenen Mitteln um seine Mandanten kämpft. Ansonsten pflegt der Landauer Anwalt einen anderen Stil als sein berühmter Münchner Kollege. Und das ist gut so.

Wer sich dafür interessiert, wie „Lü-Bi" seine Rolle vor Gericht sieht, wenn er mit dem Gesetz in Konflikt gekommene Menschen vertritt, dem sei das Kapitel „Der Arbeitsplatz unter der Kuppel – aus der Tätigkeit des Strafverteidigers" in diesem Buch zur Lektüre empfohlen. Wem die dort getroffenen Aussagen zu akademisch sind, kann sich ein gutes Bild machen, indem er sich ein Zitat des Juristen aus Landau verinnerlicht. Bernd Lütz-Binder hat die Frage, was Strafverteidigung eigentlich sei, einmal so beantwortet: „Im Grunde ist dies nichts anderes, als die Geschichte des Rotkäppchens aus der Sicht des Wolfs zu erzählen, nicht mehr und nicht weniger." Weniger poetisch pflegt er hinzuzufügen: „Ich achte im Gerichtssaal darauf, dass beim Prozess gegen meinen Mandanten strikt auf die Einhaltung der Regeln geachtet wird."

Günter Werner

Impressum

Herausgeber:

höma
V E R L A G

Im Schlangengarten 56
76877 Offenbach
Tel. 06348/959391
Fax 06348/959392
info@hoema-verlag.de
www.hoema-verlag.de

Texte:
Bernd Lütz-Binder

Zeichnungen:
Armin Hott

Gestalterische Konzeption und Layout:
CityMedia Publishing
Hauptstraße 17
76877 Offenbach
Tel: 06348-98360
Fax: 06348-9836-11
E-Mail: info@citymedia-offenbach.de

Druck:
NINO Druck GmbH
Im Altenschemel 21
67435 Neustadt/Weinstraße
Tel. 06327/97430
info@ninodruck.de
www.ninodruck.de

ISBN-Nr.:
978-3-937329-48-2